# Inglés para Latinos

WITHDRAWN

## Primer Nivel
Un camino hacia la fluidez...
### Cuarta Edición

William C. Harvey, M.S.

BARRON'S

# Para María Cecilia Carro, y todos los latinos que tratan...

## Una nota acerca del autor

William C. Harvey es el fundador de la compañía Language Services Institute, un instituto de mucho éxito co programas de conversación en inglés diseñados especialmente para los latinos de hoy. En los últimos 25 añ el autor ha enseñado inglés como segundo idioma (ESL) en escuelas públicas, en colegios, y en compañí privadas. También ha viajado por la Costa Oeste ofreciendo seminarios tanto a maestros como a organizacion profesionales. El señor Harvey posee un título de Bachelor en español y un postgraduado de educación en c tura bilingüe de la universidad de California State, Fullerton, donde recibió el premio del "Proyecto del A por su plan de estudios en inglés como segundo idioma.

William C. Harvey también es el autor de *Inglés para Niños, y Inglés para el Lugar de Trabajo*, dos libros enseñan inglés a la Gente Hispana. También él ha escrito varios libros que ayudan a las personas de h inglesa a comunicarse con hispanos.

To access the online bonus content for this title, please go to:
*http://barronsbooks.com/media/LATINOS/1649dks/*

*All inquiries should be addressed to:*
Barron's Educational Series, Inc.
250 Wireless Boulevard
Hauppauge, New York 11788
**www.barronseduc.com**

ISBN: 978-1-4380-1038-0

Library of Congress Control Number: 2017956416

Printed in the United States of America
9 8 7 6 5 4 3 2 1

**10%**
**POST-CONSUMER WASTE**
Paper contains a minimum of 10% post-consumer waste (PCW). Paper used in this book was derived from certified, sustainable forestlands.

# Contenido

# Prefacio

**_Hello, friends!_** [jeló frens]
    (¡Hola, amigos!):

Después de años de enseñar inglés en un salón de clase usando el horrible libro de gramática, finalmente me aburrí y decidí tratar algo diferente. Siendo americano y habiendo aprendido el español con amigos mejicanos que no hablaban inglés, descubrí lo que ellos necesitaban—aprender el inglés de la misma manera como yo aprendí el español. Así es como se me ocurrió juntar una serie de "caminos" cortos, prácticos y muy fáciles de seguir. Por lo tanto, este libro contiene sugerencias y secretos que te llevarán al éxito, pues mi plan de aprendizaje ha sido diseñado especialmente para personas que, como tú, **no** están interesadas en estudiar un idioma extranjero. _Inglés para Latinos_ debe considerarse como una guía que presenta el idioma al principiante en forma sencilla y muy divertida a la vez.

**Bye** [bái] (Adiós), por ahora,

_Bill_

Bill

## ¡Atención!

Fíjate en que la pronunciación del inglés está escrita en español al lado de cada nueva palabra.

# El inglés es un idioma fácil de aprender

El mundo tiene muchos lenguajes, pero sin duda el inglés es uno de los más necesarios. Lo bueno es que para el latino el inglés no tiene que ser muy difícil. Yo he pasado parte de mi vida desarrollando *Inglés para Latinos* por seis razones importantes:

1 **El inglés es muy parecido al español.**
*Muchas de las palabras en el inglés están basadas en el latín, igual que sus equivalentes en español. Muchas palabras en los dos idiomas se escriben y se pronuncian casi iguales, lo que es un alivio.*

2 **El inglés común no es muy complicado.**
*Las conversaciones en inglés pueden mantenerse a un nivel corto y simple. Frecuentemente, es posible comunicar mensajes más complicados con tan solo el intercambio de unas cuantas palabras. Un conocimiento básico de gramática y una pronunciación rudimentaria es todo lo que necesitas para poderte comunicar.*

## ¡Atención!
Decimos "americanos" porque a la gente de los EE.UU. se les llama **Americans** en inglés.

3 **No temas equivocarte.**
*Los americanos disfrutan ayudando a los latinos que tratan de hablar inglés. Ellos son gente de buen corazón, quienes admiran a los extranjeros que tienen un interés sincero de aprender su idioma. Así que, ¡levanta ese ánimo!*

4 **El inglés no es difícil de practicar.**
*Oportunidades para escuchar y hablar el inglés te rodean. No te será difícil encontrar una persona con quien practicarlo. Pero recuerda que a veces necesitarás salir de tu barrio para hallarla.*

5 **Saber inglés puede ser provechoso.**
*La economía norteamericana ha descubierto que comprar y vender en dos idiomas es muy buen negocio. Muchas compañías hoy en día ofrecen entrenamiento a sus empleados*

*y una mejor paga para los que saben el inglés. Por lo tanto, ¡muévete! Aprender el inglés puede llevarte al éxito financiero.*

**6 El inglés es divertido de aprender.**
*No hay nada como la emoción de hablar el inglés y ser entendido por primera vez. No tardará el momento en que te sientas atraído por la idea de poderte comunicar en un nuevo idioma. Tal vez sea porque éste te permitirá conocer, entender y ayudar a más gente, lo que te hará sentir mucho orgullo. El inglés también te puede hacer la vida más divertida. Viajar a diferentes partes donde se habla el inglés y tener más actividades con los norteamericanos va a mejorar tu vida, ya que ésta será más agradable e interesante. Hablar un segundo idioma es como tener un juguete nuevo—entonces, ¡juega con él! Y no te preocupes en mantener el interés. Una vez que comiences, no vas a querer terminar.*

# ¿Quién lo necesita?

## *Inglés para Latinos* no es para todo el mundo.

Para aquellos que planean viajar fuera de los Estados Unidos y necesitan un entrenamiento fuerte…lo siento. Y para aquellos que ya hablan el inglés y están buscando mejorar sus habilidades en la lectura y escritura…quiero que me disculpen. Este libro no fue escrito para personas con intenciones de estudiar.

## *Inglés para Latinos* es para todos los demás.

La información que encontrarás en este libro es tan sencilla y práctica que podrás usarla casi inmediatamente. Este programa de aprendizaje ha sido simplificado y creado especialmente para ayudar a los latinos que desean comunicarse con las personas que hablan inglés. Sin embargo, este libro también servirá de guía a cualquier persona que esté aprendiendo el idioma, como orientación para el inglés que se habla en los Estados Unidos.

# Antes que comiences

Te sorprenderá ver que este libro no contiene ningún tipo de hojas de trabajo, ejercicios o pruebas. En vez de eso, aquí tienes algunas sugerencias que tal vez encuentres un poco extrañas:

- **Olvídate de lo que otros te han dicho.** No existe un inglés perfecto, así que no pierdas el tiempo en tratar de encontrarlo. Este libro te dice todo lo que tú debes saber. En vez de darte una enseñanza tradicional con prácticas de pronunciación y gramática, te ofrece el camino más corto y el secreto hacia el éxito. Si tú sigues las instrucciones, aprenderás.

- **¡Escucha y pon interés!** Para aprender de la manera en que los niños aprenden un lenguaje, lo mejor es absorber todo el inglés que puedas desde el principio. Escucha a personas que hablan un inglés fluido. Muy pronto, y sin darte cuenta, estarás usando palabras nuevas en tus conversaciones. Con confianza y sin miedo, usa las frases y expresiones de este libro. Pero no te esfuerces por hablar si no te sientes listo para ello. Aunque los programas que enseñan inglés pueden servirte de ayuda, nada será mejor que la práctica en la vida diaria.

- **Actúa como si supieras más de lo que sabes.** Aprende a sentir confianza alrededor de personas que sólo hablan inglés. Piensa mucho cuando te hacen una pregunta, y siempre contesta con pocas palabras. Imita las expresiones que ves cuando hablan y sé amable. Experimenta con nuevas palabras y frases. ¡Actúa, y verás que pronto estarás hablando y entendiendo más inglés!

- **No trates de buscar excusas.** Estudios científicos han demostrado que las siguientes creencias sobre el aprendizaje de un nuevo idioma son incorrectas:

Necesitas practicar la gramática..........................................................¡No!
Necesitas desarrollar una buena pronunciación .........................¡No!
Necesitas comenzar muy joven .........................................................¡No!
Necesitas memorizar listas de vocabulario...................................¡No!
Necesitas ser bueno para aprender idiomas ................................¡No!
Necesitas leer con cuidado este libro...............................................¡Sí!

- **¡Sobre todo, relájate!** La idea de aprender un nuevo idioma asusta a muchas personas. No te avergüences de tu pronunciación de principiante. Solamente acepta que es normal sonar diferente y sentirse raro por un tiempo. No es nada grave. Esta guía está diseñada para aliviar la tensión y frustración que puedas sentir. ¡Nunca te des por vencido! No te preocupes por nada, diviértete, y sigue adelante.

## *Important List*
(Lista importante)

1 **Una silla cómoda** ☐
2 **Música de fondo** ☐
3 **Tu bebida favorita** ☐
4 **La mente clara** ☐

---

# ¡Atención!

El inglés puede ser muy difícil para los latinos si no saben pronunciar las palabras. Por eso, al lado de cada palabra en inglés encontrarás la pronunciación en español. A veces estas guías de pronunciación no son muy correctas porque no hay letras en español para todos los sonidos en inglés. Sin embargo, éstas son suficientes para que las personas que no saben mucho inglés se den a entender por la gente americana. Practica las palabras con un americano, sin temor. Es mejor aprender primero la forma hablada que la forma escrita.

Otro problema que ocurre en un libro como éste tiene que ver con la traducción del inglés al español. Hay diferentes dialectos en español, y de vez en cuando encontrarás algunas traducciones que no son exactas. Sería imposible incluir todas las palabras que existen en español en este libro. En general, las traducciones son excelentes para los principiantes.

# 1

# Do You Speak English?

**[Du iú spik ínglech]**
**(¿Hablas inglés?)**

# Palabras en inglés que muchos latinos ya conocen

| | | |
|---|---|---|
| *baby* | [béibi] | bebé |
| *book* | [buk] | libro |
| *bye* | [bái] | adiós |
| *car* | [car] | carro |
| *computer* | [campiúter] | computadora |
| *dancing* | [dánsin] | bailando |
| *door* | [dor] | puerta |
| *e-mail* | [ímeil] | correo electrónico |
| *English* | [ínglech] | inglés |
| *Excuse me* | [exquiús mi] | perdón |
| *father* | [fáder] | padre |
| *friend* | [frend] | amigo |
| *hello?* | [jeló] | ¿diga? |
| *hi* | [jái] | hola |
| *hot dog* | [ját dok] | salchicha |
| *house* | [jáus] | casa |
| *kiss* | [quis] | beso |
| *love* | [lav] | amor |
| *money* | [máni] | dinero |
| *mother* | [máder] | madre |
| *O.K.* | [o quéi] | bueno |
| *one* | [uán] | uno |
| *party* | [párti] | fiesta |
| *pencil* | [pénsil] | lápiz |
| *please* | [plis] | por favor |
| *table* | [téibol] | mesa |
| *taxes* | [tácses] | impuestos |
| *telephone* | [télefon] | teléfono |
| *thank you* | [tenk iú] | gracias |
| *three* | [zri] | tres |
| *two* | [tu] | dos |
| *What's your name?* | [uáts iór néim] | ¿Cómo te llamas? |
| *work* | [uérk] | trabajo |
| *yes* | [iés] | sí |

# El "Span*glish*"

El inglés y el español se han mezclado en los Estados Unidos porque los latinos y los americanos han tratado de comunicarse. Aunque existe variación en estas palabras según la región, todas son fantásticas para los que no hablan inglés porque el "Span*glish*" es muy parecido al inglés:

**¡Avisos!**

- *Fíjate cómo las últimas letras en las palabras del Spanglish son la única diferencia de aquellas del inglés.*
- *Si tu pronunciación es parecida, probablemente te van a entender.*
- *¿Sabes tú que la mezcla de los dos idiomas es aceptada ahora?*
- *¡Qué importa si tu pronunciación no es perfecta! Muy pronto vamos a aprender los sonidos en inglés.*

| SPANGLISH | INGLÉS | | ESPAÑOL |
|---|---|---|---|
| bloquear | **block** | [bloc] | obstruir |
| cachar | **catch** | [catch] | coger |
| cliquear | **click** | [clic] | hacer clic |
| cuitear | **quit** | [cuít] | renunciar |
| chequear | **check** | [chec] | revisar |
| faxear | **fax** | [facs] | enviar por fax |
| mistear | **miss** | [mis] | faltar |
| parquear | **park** | [parc] | estacionar |
| pichar | **pitch** | [pitch] | lanzar |
| puchar | **push** | [puch] | empujar |
| taipear | **type** | [táip] | escribir a máquina |
| textear | **text** | [tecs] | enviar un mensaje por texto |
| tochar | **touch** | [tach] | tocar |
| trostear | **trust** | [trast] | confiar |
| wachar | **watch** | [uátch] | mirar |

## *More* [mor] (más) *Spanglish*

| SPANGLISH | INGLÉS | | ESPAÑOL |
|---|---|---|---|
| la baika | **bike** | [báik] | la bicicleta |
| las brekas | **brakes** | [bréiks] | los frenos |
| la carpeta | **carpet** | [cárpet] | la alfombra |
| la factoría | **factory** | [fáctori] | la fábrica |
| el lonche | **lunch** | [lanch] | el almuerzo |
| la marqueta | **market** | [márquet] | el mercado |
| el raite | **ride** | [ráid] | el paseo |
| el rufo | **roof** | [ruf] | el techo |
| la troca | **truck** | [troc] | el camión |
| la yarda | **yard** | [iard] | el patio |
| el yonque | **junkyard** | [chánkiard] | la chatarrería |

# Cómo entender a los que hablan el inglés

Tienes razón. El inglés hablado suena como si todas las palabras fueran una sola. ¿Qué podemos hacer nosotros los latinos? Bueno, no te asustes. Aquí revelamos cinco secretos para entender:

**1   Presta atención al mensaje.**

*Escucha las palabras claves y fíjate como te las dicen. En lugar de tratar de entender todo a la vez, primero determina: ¿Se trata de una pregunta o un relato? ¿Qué es lo que me quiere decir? Concéntrate solamente en la idea principal.*

**2   Usa la cara y las manos para expresarte.**

*Enseña a las personas que entiendes—señalando, moviendo o tocando cosas. Usa muchos gestos. Escribe o dibuja lo que tú piensas que te están tratando de decir. Muestra seguridad, pero sé amistoso. Muy rápido te seguirán el juego, y se reirán contigo.*

**3   Di:** *More slowly, please.* [mor slóuli, plis]

*Esta frase significa "¡Más despacio, por favor!" También, puedes decir,* **What?** *[uát] o* **How's that?** *[jáos dát] que significan ¿Qué? o ¿Cómo?*

**4   Busca el español en el inglés.**

*Como los dos idiomas tienen raíces latinas, muchas palabras en inglés suenan como el español. Adivina y probablemente vas a estar correcto.*

**5   Relájate y trata de nuevo.**

*Cómete tu orgullo y recuerda que ellos tienen tanto problema como tú. No lo tomes tan en serio. Siempre es más difícil al principio. Diviértete, y el inglés empezará a tener sentido para ti.*

# *Hey, Listen!* [ jei, lísen]
# (¡Oye, escucha!)

¡No digas una palabra! No es necesario. Igual a los niños que aprenden su primer idioma, es mejor escuchar primero. No te esfuerces tratando de hablar. Después de escucharlo por un tiempo, gradualmente empezará a fluir el inglés de tus labios. Por ahora, trata algunas maneras fáciles (y baratas) para captar esos "sonidos extraños":

- *Escucha las estaciones de radio en inglés.*
- *Trata de ver más películas o programas de televisión en inglés.*
- *Compra descargas de música en inglés.*
- *Alquila películas y pon los subtítulos en inglés.*
- *Empieza a asistir a los servicios religiosos conducidos en inglés.*
- *Ingresa en un equipo donde hablan mucho inglés.*
- *Hazte amigo con americanos.*
- *Toma una clase de inglés donde se usen materiales interactivos.*
- *Vé de compras a un centro comercial donde no hablan español.*
- *Si tienes hijos, puedes ayudar en la escuela pública como voluntario.*
- *Busca programas, materiales, y cursos "on-line" en inglés por el internet.*

Escribe más ideas aquí:

# ¡Hablar inglés con las manos!

Si quieres comunicarte en inglés, pero no tienes la confianza para hacerlo oralmente, hay otra manera divertida y muy fácil para mandar mensajes. En todas las culturas, ciertas señales, expresiones de cara y movimientos del cuerpo tienen un significado especial. Aquí verás algunas de mis señales preferidas, entre las que usan las personas que se comunican en inglés.

*¡Qué fácil! Hablar sin usar la boca.*

Para decir **O.K.** [o quéi] (Está bien), haz un círculo juntando tus dedos índice y pulgar.

Esta señal también significa **O.K.**:
Cierra tu mano en un puño, levantando el dedo pulgar.

Con la palma hacia arriba y con los demás dedos recogidos en un puño, dobla y extiende tu dedo índice repetidamente. Así se dice, **Come!** [cam] (¡Venga!).

Pon tus manos en signo de apuntar y pasa un índice por encima del otro repetidamente. Esto significa, **¡A-AA! ¡Eso no se hace!**

Jamás uses el dedo mayor (en medio de la mano) para apuntar. ¡Esa es una señal muy grosera!

Para decir **Bye** [bái] (Adiós), mueve la mano de lado a lado.

## ¡VAMOS A REPASAR!

Contesta las siguientes preguntas:

1. ¿Cuáles son unas razones que hacen el inglés un idioma fácil de aprender?
2. ¿Qué sugerencias extrañas están mencionadas en "Antes que comiences"?
3. ¿Cuál es el problema con las guías de pronunciación que se usan en este libro?
4. ¿Cuáles son unas palabras en inglés que muchos latinos ya conocen?
5. ¿Cuáles son algunas palabras en Spanglish?
6. ¿Cuáles son los secretos para entender a los que hablan inglés?
7. ¿Cuáles son algunas maneras fáciles para practicar con los sonidos en inglés?
8. ¿Sabes como "hablar" con las manos en inglés?

# SIMPLE ENGLISH WORDS

### Horizontales
3. trabajo
4. fiesta
5. amigo
6. gracias
7. libro
9. dinero
10. amor

### Verticales
1. madre
2. bebé
4. por favor
6. mesa
8. casa

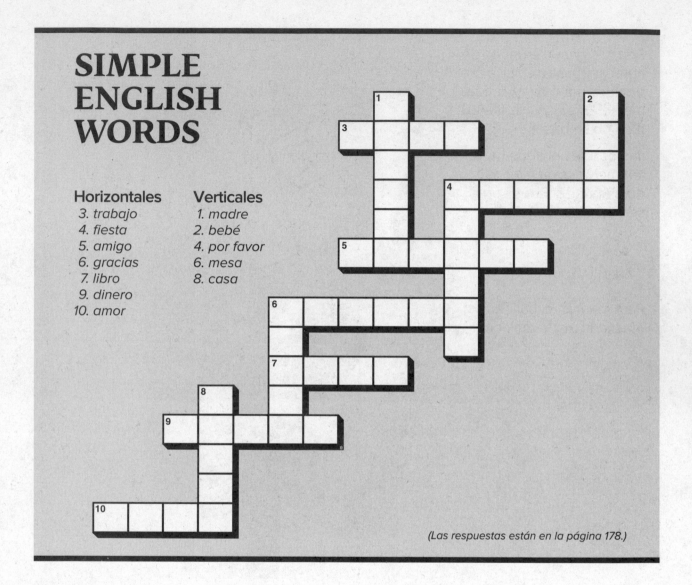

*(Las respuestas están en la página 178.)*

# 2

## CAPÍTULO TWO [tu]

# My First Words

### [mái ferst uérds]
### (Mis primeras palabras)

# Doce secretos para hablar como americano

### Secret [sícret] I
No se leen las palabras en inglés como están escritas. Los sonidos no se pronuncian como en español. Por ahora, tienes que memorizar la pronunciación de cada palabra. Como ya habrás notado, las palabras en inglés en este libro tienen al lado, entre paréntesis, su pronunciación en español, *O.K.?* [o quéi]. Sin embargo, recuerda que estas guías de pronunciación son sólo aproximadas.

### Secret II
Los sonidos en inglés salen de la parte de atrás de la boca, y se bota mucho aire al hablar. También, los sonidos en inglés son mucho más largos que los sonidos en español:

*Do you understand?*
[du-u iu-u-u a-an-de-er-stá-and]
(¿Entiendes?)

### Secret III
El mejor método de aprender los sonidos en inglés es practicar con la gente americana. Para muchas personas, esto no es tan fácil. Sin embargo, si quieres conseguir un buen acento en inglés, tendrás que escuchar y repetir las palabras siguientes con alguien que tiene la pronunciación americana. Estos son varios de los sonidos más difíciles para el latino. Cada lista de palabras presenta un sonido diferente; además recuerda que estos no son todos los sonidos que necesitas.

| | | | | | |
|---|---|---|---|---|---|
| *hat* | *pin* | *but* | *book* | *girl* | *zoo* |
| *fan* | *sick* | *mud* | *foot* | *burn* | *zipper* |
| *map* | *big* | *sun* | *cook* | *her* | *zap* |
| | | | | | |
| *ship* | *strap* | *yes* | *very* | *this* | *jump* |
| *shoe* | *street* | *year* | *van* | *that* | *jet* |
| *shot* | *string* | *yo-yo* | *vet* | *the* | *job* |

## *Secret* IV

Hay muchas palabras en inglés que suenan casi igual (***watch-wash***, ***kiss-keys***). Más adelante en este libro, hablaremos de este problema. Por ahora, si vas a contestar con *una sola palabra*, practica hasta que te sientas cómodo.

## *Secret* V

Lo que te va a gustar del inglés es que las palabras se dicen en partes o sílabas—así como en es-pa-ñol. Por lo tanto, para hablar como americano, pon-las-par-tes-en-or-den:

**Eng-lish-is-no-pro-blem-for-la-ti-nos.**

## *Secret* VI

Tienes que pronunciar cada parte de la palabra. Es decir, a veces será mejor si hablas despacio. Acuérdate que la última letra de cada palabra es muy importante. Por ejemplo *Ben* [ben] (Benjamin) y *Bend* [bend] (doblar) son muy diferentes.

## *Secret* VII

Para pronunciar inglés como un americano, es necesario escuchar la entonación. Por ejemplo, en español nosotros subimos la voz al final de una pregunta ("¿Vendrás mañana A VERNOS?") Pero en inglés casi no hay tal entonación y la frase se pronuncia sin bajadas ni subidas de voz.

## *Secret* VIII

Está bien si usas el Spanglish. Hay muchos "americanismos" (palabras que vienen del inglés) que puedes usar en caso de emergencia. Además cuando se te olvide alguna palabra, dila en español con el acento en inglés. Siempre recuerda que hay miles de palabras que son casi iguales en los dos idiomas.

**¡Aviso!**

*Cobra ánimo, pues no eres la única persona que no domina el idioma. Cada día, más y más inmigrantes entran a residir en los Estados Unidos. Siempre hay alguien de algún país extranjero que tiene un acento distinto. Casi todas las ciudades grandes tienen mucha gente que no habla bien el inglés.*

# Secret IX

Si lo dices con una sonrisa, mirando a los ojos de la persona con quien hablas, te va a entender mejor. Trata de usar estas frases:

**I don't speak much English.**
[ái dóun spik mach ínglech]
(No hablo mucho inglés.)

**Excuse me, I don't understand.**
[exquiús mi, ai dóun anderstánd]
(Disculpe, yo no entiendo.)

**Sorry, I'm learning English.**
[sári, áim lérnin ínglech]
(Lo siento. Estoy aprendiendo inglés.)

**Could you please repeat that?**
[kud llu plis ripít dat]
(¿Podrías repetirlo?)

# Secret X

Si tu pronunciación no es muy buena, es posible que te entiendan de todos modos. Tranquilízate, ¡no necesitas un inglés perfecto para hablar! Además, con tus esfuerzos y la ayuda de este libro tu inglés pronto sonará muy bonito.

# Secret XI

No te preocupes si no entiendes nada. Todos los americanos no hablan igual. Vienen de muchas partes y tienen varios dialectos. Sigue escuchando y, tarde o temprano, vas a entender algo.

# Secret XII

Practica las palabras en la casa primero. Escoge las que vas a usar al día siguiente y repítelas muchas veces. Otra buena manera de obtener más práctica es ofrecerle a un americano lecciones en español por lecciones en inglés.

# Palabras en inglés que no necesitan traducción

Hay miles de palabras en inglés que son muy fáciles de entender. Todo lo que necesitas es encontrar el parecido que existe en los dos idiomas. Fíjate como no tenemos que traducir estas palabras para que las entiendas:

## Las palabras fáciles

| | | | |
|---|---|---|---|
| **check** | [chec] | **modern** | [mádern] |
| **commercial** | [comérchel] | **moment** | [móment] |
| **correct** | [coréct] | **music** | [miúsic] |
| **diet** | [dáiet] | **November** | [novémber] |
| **digital** | [díchital] | **person** | [pérson] |
| **divorce** | [divórs] | **pistol** | [pístol] |
| **dollar** | [dáler] | **possible** | [pásibol] |
| **electric** | [iléctric] | **president** | [président] |
| **elegant** | [élegant] | **product** | [prádact] |
| **experience** | [expíriens] | **professional** | [proféchonal] |
| **fantastic** | [fantástic] | **program** | [prógram] |
| **important** | [impórtent] | **rapid** | [rápid] |
| **instrument** | [ínstrument] | **special** | [spéchel] |
| **internet** | [ínternet] | **telephone** | [télefon] |
| **laptop** | [láptap] | **tornado** | [tornéido] |
| **list** | [list] | **violent** | [váiolent] |

## Las palabras más fáciles

| | | | |
|---|---|---|---|
| **banana** | [banána] | **idea** | [aidía] |
| **chocolate** | [chóclet] | **individual** | [indivílluol] |
| **color** | [cólor] | **informal** | [infórmal] |
| **doctor** | [dóctor] | **natural** | [nátchural] |
| **final** | [fáinal] | **plaza** | [plása] |
| **golf** | [golf] | **popular** | [pópiular] |
| **horrible** | [jórribol] | **radio** | [réidio] |
| **hospital** | [jóspital] | **taxi** | [táxi] |
| **hotel** | [jotél] | **television** | [télevichon] |

## ¿Reconoces estas palabras?

| | | | |
|---|---|---|---|
| **application** | [apliquéchon] | **pronunciation** | [pronanciéchon] |
| **conversation** | [converséchon] | **reservation** | [reservéchon] |
| **information** | [informéchon] | **transportation** | [transportéchon] |
| **operation** | [operéchon] | **vacation** | [vequéchon] |

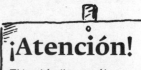

**¡Atención!**

El inglés lleva sólo un signo de interrogación (?) y de exclamación (!), el cual se escribe al final:

***Do you understand?***
[du iú anderstánd]
(¿Comprendes?)

# ¡Habla!

> Hi, Bill. What's happening?

> I,... este,... murmullo, murmullo...

> ¡No te preocupes acerca del sonido! Lo único que debe importance es que de alguna manera te puedan entender.

## Muchas maneras de practicar

Escuchar el inglés no es mucho **problem**. Pero tu meta es hablarlo. Por lo tanto, una vez que te familiarices con las palabras en inglés que se parecen al español, prueba estas técnicas para mejorar la pronunciación mientras vas aprendiendo lo más difícil.

- *La próxima vez que vayas a un restaurante americano, ordena comida para todos en la mesa.*

- *Viaja a zonas de la ciudad donde se habla el inglés y lee los mensajes de los letreros en las calles y los negocios.*

- *Abre libros en inglés y busca palabras al azar que puedas leer y trata de pronunciarlas.*

- *Cuando estés solo, trata de decir todas las palabras y frases que ya sabes en inglés, usando los secretos para hablar.*

- *Repite en voz alta lo que oyes en inglés. En la casa, practica con lo que escuchas en el internet, la radio o en la televisión.*

- *Graba tu pronunciación regularmente mientras lees en inglés el periódico o una revista. Y no te rías, ¡sí da resultado!*

- *Compra un programa de idiomas con audio y vídeo...¡y úsalo!*

La mejor manera de aprender un nuevo idioma es hablarlo frente a frente con alguna persona. Ingenia formas convenientes de aprender el inglés con compañeros americanos. Como ya lo hemos mencionado anteriormente, un método popular es ofrecer un poco de instrucción en español a cambio de la de inglés.

# Las primeras palabras del bebé

Hemos visto las palabras que los latinos ya conocen y que tú *debes de saber*. Ahora llegó el momento de probar con nuevas palabras y frases que *es necesario aprender*. De la misma manera que los niños aprenden sus primeras palabras para poder sobrevivir, al principio es mejor empezar con el inglés que te dará el mejor resultado en un corto tiempo. Las siguientes palabras son las que se adquieren más pronto en todos los idiomas.

| | | | | | |
|---|---|---|---|---|---|
| *a lot* | [a lot] | mucho | *live* | [liv] | vivir |
| *bathroom* | [bázrum] | baño | *man* | [man] | hombre |
| *big* | [big] | grande | *need* | [nid] | necesitar |
| *child* | [chaild] | niño | *number* | [námber] | número |
| *come* | [cam] | venir | *person* | [pérson] | persona |
| *driving* | [dráivin] | manejando | *phone* | [fon] | teléfono |
| *fine* | [fáin] | bien | *thanks* | [zenks] | gracias |
| *food* | [fud] | comida | *time* | [táim] | tiempo |
| *go* | [góu] | ir | *very* | [véri] | muy |
| *good* | [gud] | bueno | *want* | [uánt] | querer |
| *have* | [jav] | tener | *water* | [uáter] | agua |
| *like* | [láik] | gustar | *woman* | [uóman] | mujer |

Pon dos o más palabras juntas con:

| | | | |
|---|---|---|---|
| *and* | [and] | y | *John* and *Mary* |
| *or* | [or] | o | *one* or *two* |
| *but* | [bat] | pero | *No money*, but *a lot of love* |

Estas palabras también las reconocerás pronto:

| | | |
|---|---|---|
| *Mr.* | [míster] | Sr. |
| *Mrs.* | [mísas] | Sra. |
| *Miss* | [mis] | Srta. |

A veces, se usan las siguientes palabras para expresar refinamiento:

| | | |
|---|---|---|
| Thank you, *sir*. | [ser] | Gracias, señor. |
| Excuse me, *ma'am*. | [méam] | Disculpe, señora. |

## ¡Atención!

Si no has nacido en España, haz de cuenta que sí y pronuncia la **z** en las guías de pronunciación con la lengua contra los dientes, como en:

**thanks** [**z**enks]

## ¡Avisos!

*Antes de seguir adelante, aquí leerás unas cuantas sugerencias de cómo usar tus nuevas palabras:*

- *Está bien usar un inglés imperfecto; solamente di las palabras claves claramente y balbucea las palabras menos importantes. Aprenderemos acerca de esto más adelante.*

- *Usa esta frase en caso de emergencia:* **Do you speak Spanish?** *[du iu spik spánech] (¿Hablas español?)* **Do you speak English?** *es lo que te van a preguntar a ti.*

- *Si no puedes recordar alguna palabra, trata de explicarte de otra manera.*

- *Comienza con una palabra cada día. Gana confianza usando primero las palabras que más te gustan.*

## ¡Avisos!

- Desarrolla un sistema para recordar. Usa juegos de asociación como el de "palabra-figura". Por ejemplo, **Lupe** *dances* (baila) te hace pensar en "las danzas."
- Deja que otros te corrijan. ¡Es para tu bien! Los errores son normales y te ayudan a aprender más rápido.
- Es una buena idea aprender palabras sinónimas. Estas son las palabras que se escriben diferente pero tienen el mismo significado.
- No te olvides que los dialectos (las variaciones de un idioma) aparecen a menudo. Tú te vas a encontrar con muchas palabras que no son mencionadas en este libro.

### ¡VAMOS A REPASAR!

Contesta las siguientes preguntas:

1. ¿Cuáles son algunos "Secretos para hablar como americano?"
2. ¿Cuáles son algunas palabras en inglés que no necesitan traducción?
3. ¿Cuáles son unas maneras de practicar el inglés en voz alta?

## Mis primeras palabras favoritas

¡Aquí hay unas palabras que puedes usar solas!

| | | | | | |
|---|---|---|---|---|---|
| **a few** | [a fiú] | poquitos | **last** | [last] | último |
| **a little** | [a lítel] | poquito | **lots** | [lots] | muchos |
| **after** | [áfter] | después | **next** | [next] | próximo |
| **again** | [aguén] | otra vez | **none** | [nan] | ninguno |
| **all of it** | [álofet] | todo | **nothing** | [nózin] | nada |
| **almost** | [álmost] | casi | **once** | [uáns] | una vez |
| **alone** | [alón] | sólo | **right now** | [rait náo] | ahorita |
| **already** | [alrédi] | ya | **same** | [séim] | mismo |
| **another** | [anóder] | otro | **some** | [sam] | algunos |
| **any** | [ény] | cualquier | **something** | [sámzin] | algo |
| **before** | [bifór] | antes | **the rest** | [de rest] | el resto |
| **both** | [bod] | ambos | **then** | [den] | entonces |
| **different** | [díferent] | diferente | **too many** | [tu méni] | demasiados |
| **each** | [ich] | cada | **too much** | [tu mách] | demasiado |
| **enough** | [inóf] | bastante | **together** | [tuguéder] | juntos |
| **first** | [ferst] | primero | **twice** | [tuáis] | dos veces |

¿Cómo está tu inglés?

### 1. ¡APUESTO QUE SÍ PUEDES!

Traduce y lee en voz alta:

**man** _____ **phone** _____ **water** _____
**car** _____ **house** _____ **woman** _____

Con una línea, conecta las palabras en inglés con la traducción apropiada:

| | |
|---|---|
| **work** | niño |
| **bathroom** | comida |
| **child** | trabajo |
| **friend** | baño |
| **food** | amigo |

*¿Cuál es lo contrario de …?:*

**before** <u>after</u>

**different** _____

**something** _____

**first** _____

**all of it** _____

*(Las respuestas a los ejercicios "¡APUESTO QUE SÍ PUEDES!" aparecen en la página 178.)*

Hi!

# Los saludos básicos

Si todavía no te atreves a hablar, quizás las expresivas pero sencillas frases que siguen te animen a tratarlo. Memoriza estos saludos como si fueran una sola palabra y los que te escuchen pensarán que ya hablas inglés:

**Good morning.**   [gud mórnin]
  Buenos días.

**Good afternoon.**  [gud afternún]
  Buenas tardes.

**Good evening.**   [gud ívnin]
  Buenas noches.

☞ **¡Avisos!**

● *Muchos americanos dicen* **Morning!** *en lugar de* **Good morning.**

● *Trata de usar estas despedidas comunes en lugar de* **Good-bye!** *(dilas muy rápido):*
  **Bye-bye.**  *[bai-bái]*
  *Adiós.*
  **See you later.**
  *[si iú léiter]*
  *No vemos.*
  **See you tomorrow.**
  *[si iú tumórou]*
  *Hasta mañana.*
  **Take it easy.**
  *[téik it isi]*
  *Que la pases bien.*

Muchos americanos usan *Hi!* para saludar en lugar de las tres frases de arriba, porque **good afternoon** y **good evening** son saludos más formales.

**Good night** [gud náit] significa *adiós* cuando te despides en la noche. Y no te confundas con **Good evening**. También, recuerda que **Good-bye** [gud-bái] siempre es *Adiós*.

## Más cortesías

 **¡Avisos!**

- *¿Sabías que* **Hi!** *no se usa al contestar el teléfono?*
- **Please** *es una buena palabra al principio y al final de las oraciones:* **Please**, *help me!* [jélp mi] *Help me,* **please!** *(¡Ayúdame, por favor!)*

- **Hello?** [jeló] (¿Diga?) es lo mejor para contestar al teléfono. **Who's calling?** [jus cálin] significa "¿De parte de quién?" **Message** [mésach] es recado o mensaje.

- **Please** [plis] (por favor) y **Thanks a lot** [zenks alót] (muchas gracias) siempre trabajan muy bien. Usa **You're welcome** [iór uélkam] para decir de nada.

- Cuando alguien toca la puerta, di: **Who's there?** [jus der] (¿Quién es?). **Come in!** [kam in] significa ¡Pase!

- Para expresar en inglés, con permiso, perdón, dispense o disculpe toda la gente usa la misma frase: **Excuse me!** [eksquiús mi]. **I'm sorry** [aim sóri] es lo siento.

- En la cultura norteamericana no encontrarás muchos saludos de cortesía. Al comunicarse, todo es más informal. Qué bueno, ¿no? Tendrás menos que recordar.

- Para hablar más como americano, pronuncia todas las palabras de cortesía con una sonrisa muy grande.

- **Thanks a million!** [zenks a mílyon], **Thanks!** y **Thank you!** también significan ¡Gracias!

- ¿Has notado que a veces en inglés se escriben dos palabras como una sola? Por ejemplo, **Who's . . . ?** significa **Who is . . . ?** (¿Quién es . . . ? ¿Quién está . . . ?) Veremos más ejemplos muy pronto.

Hay muchas formas en inglés para decir *¿Qué pasa?*

| | |
|---|---|
| **What's going on?** | [uáts goin án] |
| **What's happening?** | [uáts jápenin] |
| **What's up?** | [uáts ap] |

Las formas indicadas arriba son las más comunes. Fíjate como todas empiezan con **What** (qué). Si tú pones atención a las primeras palabras de una pregunta, se te facilitará contestarla. Especialmente cuando te saluden con **What…**, ya que esto te indicará que quieren saber lo que está pasando contigo. Contesta con **Nothing much!** [nózin mách] (¡Sin novedad!)

> **How are you?**   [ jáo ár iú]

Muchos principiantes ya conocen esta pregunta. Se traduce, *¿Cómo estás?* Hay otros saludos que también empiezan con **How** y en general todos significan la misma cosa:

> **How's** *it going?*   [ jáos et góin]
> **How** *have you been?*   [jáo jav iú bín]

También aquí, la respuesta es muy fácil:

> **Fine!**   [fáin]   ¡Bien!
> **Pretty good!**   [prídi gud]   ¡Regular!

**Introductions**   [introdácchons]
(Las presentaciones)

Usa una de estas frases cuando te presenten a alguien para expresar *Mucho gusto*: **Nice to meet you.** [náis tu mít iú]. Claro que hay otras frases similares, pero estas son las mejores. ¡Y no te olvides de dar la mano! Si te hablan a ti primero, diles **Same to you.** [séim tu iú] (Igualmente).

En Norteamérica, entre la gente sencilla no es necesario usar muchas palabras para presentar a alguien. Por ejemplo, casi todos hablan así: **Hi. This is my friend,…** [ jái, des es mái fren] (Hola. Este es mi amigo,…).

¡Y no tienes que hablar más!

**What's your name?** [uáts iór néim] (¿Cómo te llamas?) es una pregunta muy común, así que practícala mucho. Para responder *Soy…* di, **I'm…** [áim]. Para identificarte usa: **My name is…** [mái néim es] (Mi nombre es…). Escucha por **name**. Será muy importante en los casos de emergencia.

**¡Avisos!**
- *Un poco después vamos a descubrir más* **questions** *[cuéschans]* **and answers** *[ánsers] (preguntas y respuestas) con* **What?** *y* **How?**
- *Para decir ¿Y tú? agrega al final,* **And you?** *[en iú].*

# Where Is It? [uér es et] (¿Dónde está?)

Sin duda, una de las primeras palabras de interrogación que necesitarás es **Where?** (¿Dónde?). A veces nos perdemos y tenemos que hacer unas preguntas en inglés. Cuando necesites direcciones, las frases y palabras siguientes te servirán:

| | | |
|---|---|---|
| *to the right* | [tu de ráit] | a la derecha |
| *to the left* | [tu de left] | a la izquierda |
| *straight ahead* | [stréit ajéd] | adelante |
| *here* | [ jíer] | aquí |
| *there* | [der] | ahí |

*go* [go] ir    *turn* [tern] dar vuelta    *stop* [stap] parar

## ¡VAMOS A REPASAR!

Aquí tienes las expresiones más comunes de la vida diaria entre los americanos. Trata de recordar la pronunciación y el significado de cada frase:

*Good morning! How are you?*    *Pretty good. And you?*
*Fine. What's happening?*    *Nothing much. This
is my friend, Susan.*

*Nice to meet you.*    *Hi.*
*See you later!*    *Bye. Take it easy!*

¿Otras? ¡Qué bueno! ¿Estás hablando en voz alta?

*Excuse me.*    *Yes?*
*Where's the bathroom?*    *There. To the left.*
*Thanks a lot.*    *You're welcome.*

Contesta las siguientes preguntas:

**What's your name?** _____

**How are you?** _____

**Do you speak Spanish?** _____

# La regla de combinar

En inglés, si quieres juntar o combinar algunas palabras, lo puedes hacer cuando hablas y también cuando escribes. Ya hemos visto unos ejemplos. No encontrarás todas las palabras que se combinan aquí, pero a ver si las siguientes te permiten aprender un poco del sistema:

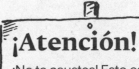

## ¡Atención!

¡No te asustes! Esto es importante solamente si estudias la escritura o la lectura. Aprenderemos el significado y la pronunciación de cada palabra después.

*Where is = Where's*      *Who is = Who's*
*What is = What's*        *How is = How's*

Muchas veces, se omite una letra y se escribe un apóstrofo **(')** en su lugar.

*is not = isn't*         *I am = I'm*
*do not = don't*         *She is = She's*
*has not = hasn't*       *We are = We're*

---

### 2. ¡APUESTO QUE SÍ PUEDES!

*Cambia las frases siguiendo los ejemplos:*

*Where is the man?*      *Where's the man?*
*She is my friend.*      *She's my friend.*

**I am Puerto Rican.** _____

**What is your phone number?** _____

**Who is the president?** _____

*(No olvides que las respuestas están en la página 178.)*

# Viva el *Vocabulary*
# [vocábiuleri]

Aquí leerás tres grupos de palabras que la mayoría de las personas aprenden y usan casi inmediatamente:

| **The Numbers** [námbers] | | | **The Colors** [cólors] | | |
|---|---|---|---|---|---|
| 0 | *zero* | [sírou] | *black* | [blak] | negro |
| 1 | *one* | [uán] | *blue* | [blu] | azul |
| 2 | *two* | [tu] | *brown* | [bráun] | pardo/café |
| 3 | *three* | [zri] | *gray* | [gréi] | gris |
| 4 | *four* | [for] | *green* | [grin] | verde |
| 5 | *five* | [fáiv] | *orange* | [óranch] | anaranjado |
| 6 | *six* | [sics] | *purple* | [pérpol] | morado |
| 7 | *seven* | [séven] | *red* | [ret] | rojo |
| 8 | *eight* | [éit] | *white* | [uáit] | blanco |
| 9 | *nine* | [náin] | *yellow* | [iélo] | amarillo |

## *The Class* [clas]

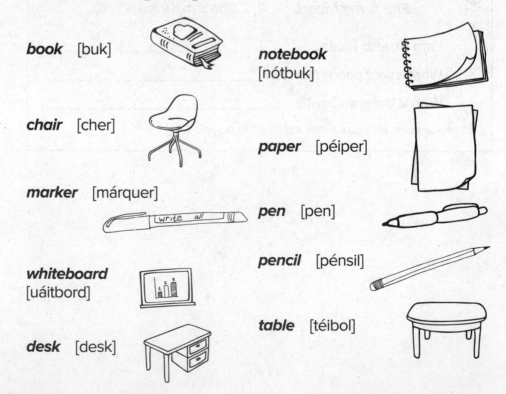

**book** [buk]

**notebook** [nótbuk]

**chair** [cher]

**paper** [péiper]

**marker** [márquer]

**pen** [pen]

**pencil** [pénsil]

**whiteboard** [uáitbord]

**table** [téibol]

**desk** [desk]

*projector*
[prolléctor]

*screen*  [escrín]

Usa las guías de pronunciación para leer estas palabras. Pero, memorízalas tal como se escriben.

## ¡ESCÓGELAS Y ÚSALAS!

Vamos a ver algunas oraciones que te ayudarán a poner estas palabras en práctica. Llena los espacios que están en blanco, lee cada oración en voz alta y después encuentra la manera de usarlas en tu vida diaria.

### Numbers
***My telephone number is*** [mái télefon námber es] _____.
Mi número de teléfono es (542-8763,…).

***Where's room number*** [uérs rum námber] _____? ¿Dónde está el cuarto número (cinco, tres,…)?

***Count them!*** [cáunt dem]
¡Cuéntalas en inglés!

### Colors
***I like the color*** [ái láik de cólor] _____. Me gusta el color (morado, rojo,…).

***Is it*** [es et] _____ or [or] _____? ¿Es (negro,…) o (blanco,…)?

***There are some*** [der ar sam] _____ ***ones*** [uáns]. Hay algunos de color (azul, verde,…).

### Class
***Do you have a*** [du iú jav a] ____? ¿Tienes un (lápiz, libro,…)?

***The*** [de] _____ ***is on the*** [es on de] _____. (La pluma, El papel,…) está en (la mesa, el escritorio,…).

***I need*** [ái nid] _____. Necesito (la silla, el cuaderno,…).

☞ **¡Avisos!**
- *Comienza una lista de maneras de practicar con los números: contraseñas, códigos, el teléfono, tarjetas de crédito, los canales, direcciones, etc.*
- *Otros números aparecerán más adelante. ¿Podrías decir los números anteriores con los ojos cerrados?*
- *Busca otros colores si lo consideras necesario. Y aprende por medio de asociar las palabras con figuras. Por ejemplo, para aprender el color* **red***, piensa en una red roja.*
- *Más* **vocabulary** *está en camino. Por ahora, trata de buscar estas palabras que ya conoces en lo que te rodea. ¡Toca las cosas al nombrarlas en inglés!*

Antes de pasar al siguiente capítulo, he aquí unas frases que son muy buenas para todos los que no saben mucho inglés y quieren practicar nuevo vocabulario:

| | | |
|---|---|---|
| ***This is a…*** | [des es a] | Esto es… |
| ***That is a…*** | [dat es a] | Eso es… |
| ***These are…*** | [dis ar] | Estos son… |
| ***Those are…*** | [dos ar] | Esos son… |

Al final de este libro, encontrarás una hoja titulada "Lista de mis éxitos."
¡Úsala! Apunta tus experiencias de una manera simple. Trata de emplear
tus nuevas habilidades. Verás cuán rápido crecerá tu lista.

---

### 3. ¡APUESTO QUE SÍ PUEDES!

*¡Traduce!*

*three yellow pens* _____

*six black tables* _____

*two green books* _____

*nine red chairs* _____

*five blue pencils* _____

**That is a big black desk.** _____

_____

**This is good white paper.** _____

_____

**Those are seven orange notebooks.** _____

_____

---

**COLORS**

| | |
|---|---|
| edr | |
| bleu | |
| ngeer | |
| lyelwo | |
| lkacb | |
| nrbwo | |
| ihtew | |
| yrag | |
| rplupe | |
| gnroae | |

← Escribe los colores en la columna de la derecha.

*(Las respuestas están en la página 178.)*

# 3

# More, More, More

## [móur, móur, móur]
## (Más, más, más)

# Vocablos *the* y *a*

¡Todo es tan fácil!

## *The* [de]

Pon **the** enfrente de las palabras que nombran las cosas, las personas y los lugares:

**the** *book* [de buk] el libro        **the** *school* [de skul] la escuela

**the** *teacher* [de tícher] el maestro

¡Mira!

**the** *books* los libros        **the** *schools* las escuelas

**the** *teachers* los maestros

## ¡Atención!

**the** es una palabra muy importante. Por ahora, sólo recuerda que **the**, en general significa *el, la, los* y *las*.

A ver si puedes practicar con estas oraciones:

*This is **the** man.* [des es de man] Este es **el** hombre.

***The** pen is on **the** table.* [de pen es an de téibol] **La** pluma está en **la** mesa.

*Where is **the** park?* [uér es de parc] ¿Dónde está **el** parque?

## *A* [a]

Ahora entiendes un poco sobre **the**. Pues, hay otra palabra chiquita que también te puede ayudar muchísimo. Se trata de **a**, la cual significa *un* o *una*. Igual que **the**, **a** va enfrente de los nombres de las cosas, los lugares y las personas:

**a** *book* un libro     **a** *school* una escuela     **a** *teacher* un maestro

Se usa **a** para hablar de cualquier cosa, mientras que **the** indica cosas que ya están entendidas. Practica con estos ejemplos:

*It's **a** book.* Es un libro.
*That's **a** pen.* Esa es una pluma.
*Charles is **a** doctor.* Carlos es un médico.

**The** *doctor is at* **the** *hospital.*  El médico está en el hospital.
**The** *book is on* **the** *table.*  El libro está en la mesa.
**A** *man is in* **the** *house.*  Un hombre está en la casa.

---

 **¡Avisos!**

- *Di* **an** *en lugar de* **a** *antes de una palabra que empieza con una de estas letras:* A, E, I, O, U; *por ejemplo:*

    **an** *apple*   [en ápel]   una manzana

    **an** *egg*   [en eg]   un huevo

    **an** *ice cream*   [en áis crim]   un helado

    **an** *orange*   [en óranch]   una naranja

    **an** *umbrella*   [en ambréla]   un paraguas

- *Si te confundes con* **the, a** *o* **an**, *no hay ningún problema. Te van a entender de todos modos. Cuando te corrijan, di a ti mismo, "¡Lo voy a recordar para la próxima vez!"*

# La regla de muchos

¡Buenas noticias! Hablar de muchas cosas (el plural) es casi lo mismo en los dos idiomas. Pon la **s** al final:

***one taco***   un taco                              ***two tacos***   dos taco**s**

Y de vez en cuando, hay que añadir **es** al final:

***one watch***   un reloj                            ***two watches***   dos reloj**es**

¡Ojo! Algunas palabras plurales son muy locas y tendrás que memorizarlas:

| | | | |
|---|---|---|---|
| ***one man*** | un hombre | ***two men*** | dos hombres |
| ***one child*** | un niño | ***two children*** | dos niños |
| ***one fish*** | un pescado | ***two fish*** | dos pescados |
| ***one tooth*** | un diente | ***two teeth*** | dos dientes |

¡Fíjate!   No se pone la **s** en cada palabra como lo hacemos en español:

*Many good friend**s**.*   [méni gud frens]   Muchos amigos buenos.
*A lot of big fish.*   [a lót of big fish]   Muchos peces grandes.
*Lots of new watch**es**.*   [lots of niú uátches]   Muchos relojes nuevos.

## 4. ¡APUESTO QUE SÍ PUEDES!

| ¡Traduce y nota la diferencia! | Escribe o di **a** o **an**: |
|---|---|
| **Mr. Sanchez is the teacher.** | _____book |
| **Mr. Sanchez is a teacher.** | _____orange |
| **This is a book** | _____egg |
| **This is the book.** | _____friend |
| **Where is the table?** | _____apple |
| **Where is a table?** | _____chair |
| | _____man |
| | _____woman |
| | _____umbrella |

*(Las respuestas están en la página 178.)*

**There** [der] significa *Hay* o *Allí* (*Ahí, Allá*). Traduce y practica en voz alta:

|  |  |
|---|---|
| | **no more money.** |
| **There is…** | **the phone.** |
| [der es] | **a big party.** |
| | **an English book.** |
| | **a red and black car.** |
| | **many bathrooms.** |
| **There are…** | **five chairs.** |
| [der ar] | **lots of children.** |
| | **the watches.** |
| | **pencils and pens.** |

¡Cambia las frases! (No escribas si no quieres):

| **This is a book.** | **These are books.** |
|---|---|
| **This is a pencil.** | **These are pencils.** |

**This is a desk. These are** _____

**This is a chair.** _____

**This is a car.** _____

# Una al día...

Al aprender un nuevo idioma, una buena manera de obtener confianza es usar frases cortas, en vez de sufrir tratando de formar oraciones largas. Las frases cortas son de gran utilidad, porque se pueden usar con frecuencia—especialmente cuando ya no tienes más que decir. Al usarlas, te sentirás más seguro y tu inglés sonará muy fluido. Practica una frase nueva cada día. ¡Y ten cuidado! Todas ellas son muy pegajosas:

| | | |
|---|---|---|
| *Are you sure?* | [ar iú shúr] | ¿Estás cierto? |
| *Good idea!* | [gud aidía] | ¡Buena idea! |
| *I see.* | [ái sí] | Yo veo. |
| *I think so.* | [ái zínk so] | Creo que sí. |
| *I'm so glad.* | [áim só glad] | Me alegro. |
| *Just the opposite.* | [yast de ápaset] | A lo contrario. |
| *Like this?* | [láik des] | ¿Así? |
| *Maybe.* | [méibi] | Quizás. |
| *Me, neither.* | [mi níder] | Yo, tampoco. |
| *Me, too.* | [mi tu] | Yo, también. |
| *More or less.* | [mor or les] | Más o menos. |
| *No wonder!* | [no uánder] | ¡Con razón! |
| *Not me!* | [nat mi] | ¡Yo, no! |
| *Of course.* | [of cors] | Por supuesto. |
| *Really?* | [ríli] | ¿Es verdad? |
| *Sure.* | [chur] | Seguro. |
| *That depends.* | [dat dipéns] | Depende. |
| *That's good.* | [dats gud] | Está bueno. |
| *That's O.K.* | [dats o quéi] | Está bien. |
| *That's right.* | [dats ráit] | Eso es correcto. |
| *Whatever you want.* | [uatéver iú uánt] | Lo que quieras. |
| *Who knows?* | [ju nóus] | ¿Quién sabe? |
| *Why not?* | [uái nat] | ¿Cómo no? |
| *Without a doubt.* | [uizáut a dáut] | Sin duda. |

# ¡Más frases claves!

Recuerda, de las frases cortas que ves a continuación, usa una cada día:

| | | |
|---|---|---|
| *At the same time.* | [at de séim táim] | A la misma vez. |
| *Lots of times.* | [láts av táims] | Muchas veces. |
| *Not yet.* | [nat iét] | Todavía no. |
| *Not now.* | [nat náo] | Ahora no. |
| *On time.* | [an táim] | En punto. |
| *Backwards.* | [bákuards] | Al revés. |
| *Upside down.* | [ápsaid dáun] | Boca abajo. |

Y para decir *adiós* a todo el mundo:

| | | |
|---|---|---|
| *Have a nice day!* | [ jav a náis déi] | ¡Buen día! |
| *Have a nice trip!* | [ jav a náis trip] | ¡Buen viaje! |
| *Have a good time!* | [ jav a gud táim] | ¡Que te diviertas! |
| *Give my regards to…* | [guiv mái rigárds tu] | Me saluda a… |
| *Give my love to…* | [guiv mái lav tu] | Me abraza a… |
| *Take care!* | [téik quér] | ¡Cúidate! |
| *Get well soon!* | [guet uél sun] | ¡Que te mejores! |
| *Good luck!* | [gud lak] | ¡Buena suerte! |
| *Bye!* | [bái] | ¡Chiao! |

Dí estas frases, pero, ¡con mucha **emoción!**

| | | |
|---|---|---|
| *Congratulations!* | [congratiuléchons] | ¡Felicitaciones! |
| *Happy Birthday!* | [ jápi bérdtei] | ¡Feliz cumpleaños! |
| *Happy Holidays!* | [ jápi jálideis] | ¡Felices fiestas! |
| *Merry Christmas!* | [méri crísmas] | ¡Feliz Navidad! |
| *Happy New Year!* | [ jápi nu íer] | ¡Feliz Año Nuevo! |
| *Help!* | [jelp] | ¡Socorro! |
| *Wow!* | [uáo] | ¡Caramba! |

Para personas ocupadas:

| | | |
|---|---|---|
| *I have to run!* | [ai jav tu ran] | ¡Ya me voy! |
| *He's gone.* | [jis gón] | Ya se fue él. |
| *She's not here.* | [chis not jír] | Ella no está aquí. |
| *I'll be right back.* | [áil bi ráit bak] | Ahora vengo. |
| *Here she comes.* | [ jir chi cams] | Aquí viene ella. |
| *Ready?* | [rédi] | ¿Listo? |
| *Let's go!* | [lets go] | ¡Vamos! |

Sigue hablando con expresiones idiomáticas:

| | | |
|---|---|---|
| *I get it!* | [ai guet et] | ¡Te entiendo! |
| *Oh, boy!* | [óu bóy] | ¡Qué bueno! |
| *Go on!* | [go an] | ¡Vaya! |
| *No way!* | [no uéi] | ¡No puede ser! |
| *Forget it!* | [forguét et] | ¡Olvídalo! |
| *What a joke!* | [uát a llóuk] | ¡Qué chiste! |
| *What a shame!* | [uát a chéim] | ¡Qué lástima! |
| *What luck!* | [uát lak] | ¡Qué suerte! |
| *What the heck!* | [uát de jec] | ¡Que diablos! |
| *What a nightmare!* | [uát a náitmeir] | ¡Qué pesadilla! |
| *How awful!* | [ jáo áful] | ¡Qué barbaridad! |
| *How strange!* | [ jáo stréinch] | ¡Qué extraño! |
| *How sad!* | [ jáo sád] | ¡Qué triste! |
| *How embarrassing!* | [ jáo embéresin] | ¡Qué vergüenza! |
| *How cool!* | [ jáo cuol] | ¡Qué chévere! |

¡Estas palabras son muy valiosas!

| *That's* [dats]… | *a lie!* | [a lái] | una mentira! |
|---|---|---|---|
| ¡Eso es… | *boring!* | [bórin] | aburrido! |
| | *correct!* | [coréct] | correcto! |
| | *dumb!* | [dam] | tonto! |
| | *enough!* | [ináf] | bastante! |
| | *excellent!* | [éxcelent] | excelente! |
| | *fantastic!* | [fantástic] | fantástico! |
| | *great!* | [gréit] | muy bueno! |
| | *horrible!* | [ jóribol] | horrible! |
| | *important!* | [impórtant] | importante! |
| | *incredible!* | [incrédebol] | increíble! |
| | *interesting!* | [íntrestin] | interesante! |
| | *stupid!* | [stúped] | estúpido! |
| | *wonderful!* | [uánderful] | maravilloso! |

**¡VAMOS A REPASAR!**

1. Explica la diferencia entre los vocablos *a* y *the.*
2. Explica el uso de la regla de muchos.
3. ¿Cuáles son unas de las frases más claves en inglés?

# Encuentros con amigos

Si tú has puesto atención en las páginas anteriores, este ejercicio no será difícil para ti. Todo lo que tienes que hacer es llenar los espacios en blanco con las palabras o frases adecuadas. No necesitas escribirlas. Y sólo usa el inglés que ya has aprendido:

Aquí puedes levantar la voz un poco:

Trata más de una respuesta. En las páginas anteriores, busca por posibles contestaciones. También, tal como lo harías en la vida real, ¡sé creativo!

# *I Have a Question*
# [ái jav a cuéschon]
# (Yo tengo una pregunta)

## Tres sugerencias para lograr el éxito

Trata de aplicar estas sugerencias cuando hagas preguntas y des respuestas en inglés:

**1 Concéntrate en la primera palabra.**

*Solamente existen unas pocas palabras que indican que te están haciendo una pregunta, así que, ¡apréndelas! El siguiente paso es escuchar las palabras principales en la pregunta que puedas reconocer o adivinar. Pon atención en el tema de la conversación.*

**2 Contesta de la manera más corta posible.**

*Tómate el tiempo necesario. Y si quieres, repite la pregunta que te hicieron antes de contestarla. Al principio, responde con palabras claves y frases cortas.*

**3 Relájate y recuerda tu español.**

*Ya sea que estés preguntando o contestando, trata de usar cada palabra así como lo harías en español. Además, no olvides que está bien mezclar los dos idiomas si no te acuerdas de la palabra apropiada.*

# Las primeras preguntas en *English*

Asegúrate de poder entender y pronunciar bien las palabras de *question* que siguen:

| | | |
|---|---|---|
| **What?** | [uát] | ¿Qué? |
| **Which?** | [uích] | ¿Cuál? |
| **How?** | [jáo] | ¿Cómo? |
| **How many?** | [jáo méni] | ¿Cuántos? |
| **How much?** | [jáo mách] | ¿Cuánto? |
| **Where?** | [uér] | ¿Dónde? |
| **When?** | [uén] | ¿Cuándo? |
| **Why?** | [uái] | ¿Por qué? |
| **Who?** | [ju] | ¿Quién? |
| **Whose?** | [jus] | ¿De quién? |

## *What?* [uát] (¿Qué?)

Empecemos con las preguntas que se hacen con *what*, porque es posible contestarlas en una o dos palabras. Aquí están unas preguntas fáciles que te servirán para conseguir mucha información básica. Y por favor, no traduzcas palabra por palabra; también, recuerda la regla de combinar:

> **What**'s = **What** is

> **What**'s your name?   [uáts iór néim]   ¿Cuál es tu nombre?
> **What**'s your address?   [uáts iór ádres]   ¿Cuál es tu dirección?
> **What**'s your phone number?   [uáts iór fon námber]   ¿Cuál es tu número de teléfono?
> **What**'s your e-mail address?   [uáts iór ímeil ádres]   ¿Cuál es tu correo electrónico?

A ver si reconoces estas preguntas:

> **What**'s the problem?   [uáts de problem]   ¿Cuál es el problema?
> **What** time is it?   [uát táim es et]   ¿Qué hora es?
> **What**'s happening?   [uáts jápenin]   ¿Qué pasa?
> **What** do you want?   [uát du iú uánt]   ¿Qué quieres?
> **What**'s that?   [uáts dat]   ¿Qué es eso?
> **What** are you doing?   [uát ar iú dúin]   ¿Qué estás haciendo?

---

### ☞ ¡Avisos!

- *Mucho vocabulario va con la pregunta,* What's your . . . *[uáts iór]* password *[pásuerd] contraseña,* username *[júser neim] nombre de usario,* account number *[acáun númber] número de cuenta.*

- "What" *tiene diferentes traducciones: ¡Ten cuidado!* **What** luck! *¡***Qué** *suerte!* **What's** up? *¿***Qué** *pasa?* That's **what** I said. *Eso es lo que dije.*

¿Sabes tú otras?

**What**…?

_____?

_____?

_____?

### 5. ¡APUESTO QUE SÍ PUEDES!

*Las preguntas con **What** son las más comunes en inglés. Traduce y lee en voz alta:*

**What's your name?**

**What's your address?**

**What's your cell phone number?**

**What's your nationality?**

**What's happening?**

*(Las respuestas están en la página 179.)*

¿Ya terminaste? Ahora, contesta las preguntas con poquitas palabras.

## Which? [uích] (¿Cuál?)

Se usa **which** para comparar las cosas. Cuando tengas que escoger, recuerda esta palabra.

**Which one?**   [uích uán]   ¿Cuál es?
**Which do you like?**   [uích du iu láik]   ¿Cuál te gusta?
**Which is bigger?**   [uích es bíguer]   ¿Cuál es más grande?
**Which ones are yours?**   [uích uáns ar iors]   ¿Cuáles son los tuyos?
**Which is better?**   [uích es béter]   ¿Cuál es mejor?

Anota otros ejemplos que tú sepas:

**Which**…?

_____?

_____?

_____?

### ¡Atención!

**Which** y **what** son muy diferentes. **What** puede significar *cuál*, *cuáles* o *qué*.

**What's your address?** ¿Cuál es tu dirección?

**What are their names?** ¿Cuáles son sus nombres?

**What's this?** ¿Qué es esto?

# Your name, please. [ió néim, plis]
# (Tu nombre, por favor.)

Ahora que estamos hablando de las preguntas importantes, vamos a tomar un momento para estudiar la frase **What's your name?** (¿Cómo te llamas?). En el mundo hispano, el nombre de una persona lleva mucha información. En los Estados Unidos, la mayoría de la gente sólo usa su **primer nombre** con el **apellido** del papá:

¡Atención!

Hoy en día se usan muchos apellidos que llevan guion:

Mary Smith-Jones

John Miller-Thomas

| Mary | Smith |
|------|-------|
| **first** name [ferst néim] | **last** name [last néim] |

A veces los americanos también tienen un "nombre en medio":

**middle** name [mídel neim]
*Mary* **Ann** *Smith*

Veamos unos nombres y apellidos tradicionales de Norteamérica. Y como siempre, recuerda que las guías de pronunciación en este libro no son perfectas:

| *Male* | [méil] | *Female* | [fímeil] | *Last Name* | |
|--------|--------|----------|----------|-------------|---|
| Masculino | | Femenino | | | |
| **Bill** | [bil] | **Alice** | [ális] | **Adams** | [ádams] |
| **Bob** | [bab] | **Anne** | [an] | **Anderson** | [ánderson] |
| **Charles** | [charls] | **Beth** | [bet] | **Black** | [blac] |
| **Dan** | [dan] | **Cathy** | [cázi] | **Brown** | [bráun] |
| **Dave** | [déiv] | **Debbie** | [débi] | **Davis** | [déivis] |
| **Ed** | [ed] | **Donna** | [dána] | **Edwards** | [éduerds] |
| **Fred** | [fred] | **Jane** | [lléin] | **James** | [lléims] |
| *George* | [llorch] | **Jean** | [llin] | **Johnson** | [llánsan] |
| **Jim** | [llim] | **Joan** | [llóun] | **Jones** | [llóuns] |
| **Joe** | [llóu] | **Judy** | [llúdi] | **Miller** | [míler] |
| **John** | [llan] | **Karen** | [quéren] | **Robinson** | [rábinson] |
| **Mark** | [marc] | **Kim** | [kim] | **Smith** | [smid] |
| **Mike** | [máik] | **Linda** | [línda] | **Taylor** | [téilor] |
| **Pete** | [pit] | **Liz** | [lis] | **Thomas** | [támas] |
| **Steve** | [stiv] | **Mary** | [méri] | **White** | [uáit] |
| **Ted** | [ted] | **Nancy** | [nánci] | **Wilson** | [uílsen] |
| **Tom** | [tam] | **Susan** | [súsan] | **Williams** | [uíliams] |

☞ **¡Avisos!**

- **How terrible!** *[jáo téribol] (¡Qué terrible!)* y **How fantastic!** *[jáo fantástic] (¡Qué fantástico!)* son expresiones comunes y no son preguntas.
- *Estas preguntas con* **How** *son muy buenas:*
  **How do you pronounce it?**
  *[jáo du iú pronáons et] ¿Cómo se pronuncia?*
  **How do you spell it?**
  *[jáo du iu spel et] ¿Cómo se deletrea?*
  **How does it work?** *[jáo das et uérk] ¿Cómo funciona?*
  **How old are you?**
  *[jáo óld ar iú] (¿Cuántos años tienes?) es mi favorita. Contesta de esta manera; solo metes un número.*
  **I am . . . years old.**
  *[ai em . . . íers old] Tengo . . . años.*

Busca más nombres norteamericanos y escríbelos aquí:

_____

_____

_____

## *How?* [jáo] (¿Cómo?)

Vas a encontrar **how** por todas partes, y no siempre tiene que ver con *¿Cómo?*. Mira estos ejemplos:

> **How** are you?   ¿Cómo estás?
> **How** tall are you?   ¿Cuál es tu estatura?
> **How** long have you been here?   ¿Cuánto tiempo tienes aquí?
> **How** about some more?   ¿Quieres más?
> **How** pretty!   ¡Qué bonita!

**How much?** y **How many?** son preguntas distintas. **How much?** [jáo mách] (¿Cuánto?) es la pregunta que usas cuando vas de compras:

**How much** does it cost?   [jáo mách das et cast]   ¿Cuánto cuesta?

**How many?**   [jáo méni]   (¿Cuántos?) es un poco diferente. Úsala cuando quieras saber el número de cosas que hay:

**How many** books?   [jáo méni buks]   ¿Cuántos libros?

Aquí tienes más ejemplos:

> **How many** times?   ¿Cuántas veces?
> **How many** people?   ¿Cuántas personas?
> **How many** days?   ¿Cuántos días?
>
> **How much** time?   ¿Cuánto tiempo?
> **How much** money?   ¿Cuánto dinero?
> **How much** water?   ¿Cuánta agua?

### 6. ¡APUESTO QUE SÍ PUEDES!

*Lee y traduce en voz alta:*

**How many blue chairs?**
**How many big black cars?**
**How many green houses?**
**How much soda?**
**How much money?**
**How much time?**

*(Las respuestas están en la página 179.)*

# *Where?* [uér] (¿Dónde?)

Si llegaras a perderte, la palabra **where** te sería muy útil. Para preguntar por una persona, un lugar o una cosa, la frase que debes usar es: **Where** *is…*? (¿Dónde está…?)

¡Practica los siguientes ejemplos en voz alta!

**Where** *is Mary?*   [uér es méri]   ¿Dónde está María?
**Where** *is the bathroom?*   [uér es de bázrum]   ¿Dónde está el baño?
**Where** *do you live?*   [uér du iú lif]   ¿Dónde vives?
**Where** *do you work?*   [uér du iú uérk]   ¿Dónde trabajas?
**Where** *are you going?*   [uér ar iú góin]   ¿Adónde vas?
**Where** *are you from?*   [uér ar iú from]   ¿De dónde eres?

Encuentra más preguntas con **where**. Apréndetelas y anota algunas aquí:

**Where**…?

_____

_____

_____

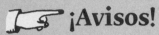

# When? [uén] (¿Cuándo?)

Vamos a estudiar el reloj y el calendario muy pronto. Así que prepárate con preguntas que emplean **when**:

|  |  |  |  |
|---|---|---|---|
|  | **is it?** | [is it] | es? |
|  | **does it begin?** | [das et biguín] | empieza? |
| **When…** | **does it end?** | [das et end] | termina? |
| ¿Cuándo… | **does it arrive?** | [das et aráiv] | llega? |
|  | **does it leave?** | [das et líiv] | sale? |

# Why? [uái] (¿Por qué?)

**Why?** es importante solamente cuando necesitas explicaciones. **How come?** [ jáo cam] es una expresión que significa la misma cosa. Cuando alguien te pregunte **why?**, siempre empieza tu contestación con:

> **Because** [bicós]…Porque…

Por ejemplo:

> **Why** is John happy?  ¿Por qué está feliz Juan?
> **Because** John's in love.  Porque Juan está enamorado con alguien.

# Who? [ ju] (¿Quién?/¿Quiénes?)

Así funciona esta pregunta clave:

> **Who** is it?  [ ju es et]  ¿Quién es?
> **Who** are they?  [ ju ar déy]  ¿Quiénes son?
> **Who** is calling?  [ ju es cálin]  ¿Quién llama?

Para contestar preguntas con **who?**, sólo necesitas el nombre de la persona: **Who** is that?—That is **Mr. Miller**.

**¡VAMOS A REPASAR!**

Contesta en inglés:

*What's your address?* _____

*What's your last name?* _____

*Which do you like—Honda or Toyota?* _____

*Which is better—a pen or a pencil?* _____

*How are you?* _____

*How old are you?* _____

*How many days in December?* _____

*How much is 2 + 2?* _____

*Where do you live?* _____

*Where are you from?* _____

*When is Christmas?* _____

*When does work begin?* _____

*Who are you?* _____

*Why are you happy?* _____

Lee los siguientes nombres norteamericanos; usa la pronunciación correcta:

| | |
|---|---|
| *Bill Edwards* | *Alice Wilson* |
| *Dave Smith* | *Debbie Johnson* |
| *Mark Robinson* | *Nancy Miller* |
| *Mr. Fred Taylor* | *Mrs. Jean Anderson-Jones* |
| | *Dr. Bob James* |

## 7. ¡APUESTO QUE SÍ PUEDES!

*Conecta las preguntas con las respuestas correctas:*

| | |
|---|---|
| *Where?* | *nine books* |
| *When?* | *Guatemala* |
| *How much?* | *red* |
| *How many?* | *$5.00* |
| *What color?* | *2:30* |
| *Why?* | *Mary* |
| *Who?* | *Because it's important!* |

*(Las respuestas están en la página 179.)*

*Usa estas palabritas tal como se usan en el español y . . . ¡No se te olvide señalar!*

# Las "palabras personales"

Para contestar preguntas, a veces, tienes que usar las "palabras personales":

*I* [ái] yo

*You* [iú] usted o tú

*She* [chi] ella

*He* [ji] él

*They* [déi] ellos o ellas

*You* [iú] *or You guys* [iú gáis] ustedes

*We* [uí] nosotros o nosotras

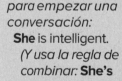 **¡Avisos!**

- *Fíjate en que estas palabras te sirven para empezar una conversación:*
  **She** is intelligent.
  *(Y usa la regla de combinar:* **She's** intelligent.*)*
- **They** *también puede usarse para hablar de objetos. Para hablar de un objeto usa* **it** *[et]:*
  **It** is a book.
  **It** is my car.
  **It** is no problem.
- *Recuerda siempre que* **you** *puede significar tú, usted o ustedes.*

# Las "palabras de posesión"

Muchos confunden las palabras personales con las "palabras de posesión," las cuales contestan la siguiente pregunta:

*Whose...?* [ jus] ¿De quién...?
*Whose is it?* [ jus es et] ¿De quién es?
*Whose are they?* [ jus ar dei] ¿De quiénes son?

| *It's...* | | | | |
|-----------|---------|--------|-------------|-----------|
| | *my* | [mái] | mi/de usted | ...*car.* |
| | *your* | [iór] | tu/de ustedes | |
| | *his* | [ jis] | su/de él | |
| | *her* | [ jer] | su/de ella | |
| | *their* | [der] | su/de ellos | |
| | *our* | [áur] | nuestro | |

La " 's" indica la posesión en inglés para hablar de "posesión" con los sustantivos, debes cambiar el orden de las palabras. Nota que la **'s** aquí no tiene relación con la regla de combinar. Se puede usar también para indicar la posesión. Estudia estos ejemplos:

| **el amigo** de María | **el dinero** del Sr. Smith | **el carro** de Lupe y Tony |
|---|---|---|
| *Maria's **friend*** | *Mr. Smith's **money*** | *Lupe and Tony's **car*** |

Nombremos este cambio la regla del reverso. Esta regla se usa mucho en inglés. A veces es necesario pensar "al revés." Estudia las siguientes diferentes frases:

| **La cara** de mi madre. | Tres flores **bonitas.** |
|---|---|
| *My mother's **face**.* | *Three **pretty** flowers.* |
| Muchos amigos **buenos.** | El cinco de **mayo.** |
| *A lot of **good** friends.* | ***May** fifth.* |
| Mi carro **verde y azul**. | ¡Ahora **no**! |
| *My **green and blue** car.* | ***Not** now!* |

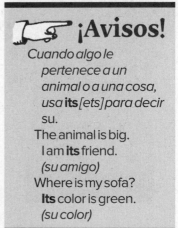 **¡Avisos!**

*Cuando algo le pertenece a un animal o a una cosa, usa **its** [ets] para decir su.*
*The animal is big.*
*I am **its** friend.*
*(su amigo)*
*Where is my sofa?*
***Its** color is green.*
*(su color)*

Seguramente encontrarás muchos más ejemplos, y te vas a equivocar de vez en cuando. ¡Qué importa, a nadie le molesta si te confundes!

### 8. ¡APUESTO QUE SÍ PUEDES!

Conecta las palabras personales con las palabras correctas:

| | |
|---|---|
| *He* | *a book* |
| *She* | *six pens* |
| *It* | *John* |
| *They* | *Maria* |
| *We* | *you and I* |

*Sin buscar la traducción, ¿puedes decir el significado de cada una de estas palabras? ¡Puedes hacele una pregunta?*

**What? How? Which? Where? When? How many? How much? Why? Who? Whose?**

(Las respuestas están en la página 179.)

### ¡VAMOS A REPASAR!

Por favor, lee en voz alta:

*Who are you?*
*Who is your friend?*
*Who's the president?*
*Whose book is that?*
*Whose car is this?*
*My money is in your car.*
*Her children are at our house.*
*There is his black pen.*
*It is John's cell phone.*
*Maria's iPad is big.*
*Its color is red and yellow.*

Practica la siguiente conversación con tus amigos, y cambien lugares cuando terminen. ¡Cambia los nombres si quieres!

| **Persona 1** | **Persona 2** |
|---|---|
| *Who is she?* | *That's Cathy. She's my friend.* |
| *Who is he?* | *That's Bill. He's Cathy's friend.* |
| *Who is that man?* | *His name is Tom Johnson. He's our doctor.* |
| *Who is that woman?* | *That's Dr. Johnson's friend. Her name is Linda.* |

# *The Interview!*
# [ínterviu]  (¡La entrevista!)

Si tú has decidido aprender el inglés seriamente, "La entrevista" es para ti. Aquí te muestro cómo trabaja. Traza un formulario similar al ejemplo que se encuentra debajo. Después, simplemente prepara tres preguntas que se usan comúnmente y escríbelas para encabezar las tres columnas al lado derecho de aquélla titulada **Names**. Luego, ponte en un lugar donde puedas entrevistar fácilmente a personas que hablan el inglés. Escribe los nombres completos de las personas entrevistadas bajo la columna encabezada **Names**. Para conseguir los nombres, usa la primera pregunta del formulario. Coloca las respuestas en los espacios debajo de cada pregunta.

| Names (Los nombres) | What is your name? (¿Cómo te llamas?) | How are you? (¿Cómo estás?) | Where are you from? (¿De dónde eres?) |
|---|---|---|---|
| Mary Smith | Mary | Fine | California |
| Robert Brown | | | |
| John Jones | | | |
| | | | |
| | | | |

☞ **¡Avisos!**

- *Cuanto más inglés sepas, más difíciles serán tus preguntas. Pero no necesitas esforzarte por ahora.*
- *Comienza despacio. Practica primero con personas conocidas.*
- *Una entrevista de sólo tres preguntas como ésta te tomará menos de dos minutos, por lo tanto, no podrás decir que estás muy ocupado para hacerla.*
- *Si se te dificulta entender, haz que las personas escriban sus propias respuestas.*
- *Sé amistoso. Al acercarte a personas extrañas ofrece estas frases como explicación:*
  **Excuse me.** *[exquiús mi] Disculpe.*
  **I'm in an English program.** *[áim in an ínglech prógram] Estoy en un programa de inglés.*
  **I'd like to ask you three questions.** *[áid láik to ask iú zri cuéschons] Quisiera hacerle tres preguntas.*
  **Thanks a lot!** *[zenks a lot] ¡Muchas gracias! Confía en mí: a ellos les agradará ayudarte.*

# The Super-Questions!

*Hay algunas preguntas en inglés que forman oraciones completas. Muchas se usan cuando es necesario obtener más información. Practícalas como si fueran una sola palabra:*

**Do you like it?**  [du iú láik et]  ¿Te gusta?
**Do you want it?**  [du iú uánt et]  ¿Lo quieres?
**Do you need it?**  [du iú nid et]  ¿Lo necesitas?
**Do you have it?**  [du iú jav et]  ¿Lo tienes?
**Do you understand?**  [du iú anderstánd]  ¿Entiendes?
**Do you know?**  [du iú nóu]  ¿Sabes?

## ¡ESCÓGELAS Y ÚSALAS!

Ahora vamos a ver lo que pasa cuando les agregamos más palabras a las *Super-Questions*. Toma esta oportunidad para usar unas palabras que ya has aprendido:

**Do you like…?**  ¿Te gusta… (la comida, el libro,…)?
**Do you understand…?**  ¿Entiendes… (el papel, el inglés,…)?
**Do you have…?**  ¿Tienes… (el número, un carro,…)?

Busca estas palabras y haz círculos alrededor de ellas.

HOW            QUESTION
WHAT           WHEN
WHERE          WHICH
WHO            WHOSE
WHY

*(Las respuestas están en la página 179.)*

**QUESTION WORDS**

| | | | | | | | | | | | | | | |
|---|---|---|---|---|---|---|---|---|---|---|---|---|---|---|
| T | N | V | Q | X | U | I | U | U | M | M | N | X | K | E |
| N | F | W | D | Z | P | J | S | H | V | T | W | U | U | R |
| E | O | A | O | Z | G | B | G | D | T | H | D | H | J | E |
| H | Y | I | W | H | R | W | A | L | Y | T | M | X | T | H |
| Y | T | X | T | H | P | H | G | X | L | L | Z | J | G | W |
| O | G | Z | J | S | E | S | Q | O | P | L | H | G | S | Q |
| J | D | Y | P | X | E | N | S | Z | H | S | B | C | Z | T |
| U | M | C | P | U | A | U | G | G | S | Y | P | A | A | F |
| K | A | E | U | W | K | B | Q | H | G | E | J | T | V | X |
| A | J | J | O | U | J | U | C | I | W | T | Z | T | H | N |
| W | O | Q | H | D | F | I | K | A | H | M | Y | A | X | S |
| S | R | J | J | D | H | N | T | S | A | S | F | W | A | B |
| U | K | U | S | W | H | O | S | E | T | U | Q | V | S | M |
| M | T | Y | M | V | P | S | Z | O | H | W | Z | O | F | K |

# 4

## CAPÍTULO FOUR [for]

# Much More!

## [mach móur]
## (¡Mucho más!)

# ¿Sabes el *Alphabet*?
# [álfabet] (alfabeto)

How do you
spell it?

Muy pronto vas a estar entre gente americana haciendo y contestando preguntas en inglés. Ya sea en el trabajo, con el público o en el teléfono o en el internet, tú aprenderás palabras como parte de tu rutina diaria. Usa estas frases para conseguir más información:

| | | |
|---|---|---|
| ***What's this?*** | [uáts des] | ¿Qué es esto? |
| ***How do you say it?*** | [jáo du iú séi et] | ¿Cómo se dice? |
| ***What's that mean?*** | [uáts dat min] | ¿Qué significa eso? |

Son importantes, ¿no te parece? Pero a veces tendrás que escribir algunos de los datos. Entonces, necesitarás hacer la siguiente pregunta:

**How do you spell it?**   [jáo du iú spel et]   ¿Cómo se deletrea?

Cuando ellos empiecen a deletrear, di:

***Letter by letter, please!***   [léter bái léter, plis]
¡Letra por letra, por favor!

Lo más fácil es prestarle a la persona una pluma y preguntarle:

***How do you write it?***   [jáo du iú ráit et]   ¿Cómo se escribe?

## The English Alphabet

El alfabeto en inglés es el mismo que en español, pero no incluye las letras **ch, ll, ñ, rr**. En inglés, la mayoría de las letras del alfabeto se pronuncian casi igual que en español. Observa que la pronunciación que aparece entre paréntesis abajo es la pronunciación del **nombre** de la letra y no indica necesariamente la pronunciación de la letra cuando ésta forme parte de una palabra.

| | | | |
|---|---|---|---|
| **A** | [éi] | **N** | [en] |
| **B** | [bi] | **O** | [óu] |
| **C** | [si] | **P** | [pi] |
| **D** | [di] | **Q** | [quiú] |
| **E** | [ii] | **R** | [ar] |
| **F** | [ef] | **S** | [es] |
| **G** | [lli] | **T** | [ti] |
| **H** | [éich] | **U** | [iú] |
| **I** | [ái] | **V** | [vi] |
| **J** | [lléi] | **W** | [dábol iú] |
| **K** | [quéi] | **X** | [ex] |
| **L** | [el] | **Y** | [uái] |
| **M** | [em] | **Z** | [tsi] |

ii
éi
es
uái
¡Fácil!

### ¡Avisos!

- Si puedes, practica el alfabeto en inglés con un americano.
- Deletrea en voz alta todas las palabras que conoces en inglés.
- ¡A ver si te animas a deletrear tu nombre en inglés!
- Un buen método para practicar el orden de las letras es usar un **English Dictionary** para encontrar nuevas palabras.
- Busca una aplicación o páginas en el internet que enseña el alfabeto en inglés. ¡Hay muchas que son gratuitas!
- Recuerda que necesitas hablar el inglés antes de escribirlo. Por lo tanto, no te preocupes si no puedes deletrear muy bien. ¡Hay que abrir la boca primero!
- Ahora, di todo el alfabeto en voz alta:
  **a b c d e f g h i j k l m n o p q r s t u v w x y z**

# *Number by Number*
# [námber bái námber]
# (Número por número)

¡Conteste
number by number!

## 0  1  2  3  4  5  6  7  8  9...

Los primeros **numbers** del **0** al **9** son fáciles y muy valiosos. Mira lo
que puedes decir *number by number*:

Número de…
| | | |
|---|---|---|
| …teléfono | *phone*  [fon]  **number** | |
| …seguro social | *social security*  [sóchel sequiúreti] | |
| | **number** | |
| …la licencia de conducir | *driver's license*  [dráivers láisens] | |
| | **number** | |
| …la póliza | *policy*  [póleci]  **number** | |
| …la placa | *license plate*  [láisens pléit] | |
| | **number** | |
| …la tarjeta de crédito | *credit card*  [crédit card]  **number** | |

Y otros datos con números:

| | | |
|---|---|---|
| **address** | [adrés] | la dirección |
| **zip code** | [tsip cod] | el código postal |
| **area code** | [éria cod] | el código de área |
| **cell phone** | [sel fon] | el teléfono celular |
| **account** | [acáunt] | la cuenta |
| **password** | [pásuerd] | la contraseña |

¿Te das cuenta? Los números del **0** al **9** están por todas partes. Desde
el dinero en tu bolsillo hasta en los canales de televisión. Di todo en
inglés, y claro…diviértete!

## 1  2  3

## *The Big Numbers*

Vamos a presentar los números más grandes por "partes." Esto te
ayudará a memorizarlos. Primero, practiquemos el grupo de números
que puede ser un poco más difícil de aprender:

10 **ten**  [ten]    11 **eleven** [iléven]    12 **twelve**  [tuélf]

Para continuar estudiaremos los números en dos grupos porque estos tienen casi el mismo sonido al final. Para que no te confundas, es importante practicarlos en voz alta (unos terminan con el sonido **-tin** y otros, con **-ti**):

| | **-tin** | | | **-ti** | |
|---|---|---|---|---|---|
| 13 | *thirteen* | [zértin] | 20 | *twenty* | [tuénti] |
| 14 | *fourteen* | [fórtin] | 30 | *thirty* | [zérti] |
| 15 | *fifteen* | [fíftin] | 40 | *forty* | [fórti] |
| 16 | *sixteen* | [síxtin] | 50 | *fifty* | [fífti] |
| 17 | *seventeen* | [séventin] | 60 | *sixty* | [síxti] |
| 18 | *eighteen* | [éitin] | 70 | *seventy* | [séventi] |
| 19 | *nineteen* | [náintin] | 80 | *eighty* | [éiti] |
| | | | 90 | *ninety* | [náinti] |

Para decir los otros números es muy sencillo. Solamente añadiremos los números chiquitos. Por ejemplo:

25 es *twenty* (20)-*five* (5)
52 es *fifty* (50)-*two* (2)
91 es *ninety* (90)-*one* (1)

¡Qué fácil! ¿verdad? Practícalos hasta que no tengas problemas:

| 21 | *twenty-one* | 23 | *twenty-three* |
|---|---|---|---|
| 22 | *twenty-two* | 24 | *twenty-four*... |

### 9.  ¡APUESTO QUE SÍ PUEDES!

*Traduce las siguientes oraciones:*

**She is twenty-five years old.** _____

**This is my third book.** _____

**My telephone number is five-one-seven-six-nine-four-eight.**
_____

*Contesta las preguntas que siguen:*

**How many letters are in the English alphabet?**

**How do you say "tres mil" in English?**

**How do you spell "19" in English?**

**How do you write "fifth" in numbers?**

*(Las respuestas están en la página 179.)*

☞ **¡Avisos!**

- *Te van a gustar los números más grandes en inglés:*
  100 **one hundred** *[uán jándred]*...
  200 **two hundred** *[tu jándred]*...
  1,000 **one thousand** *[uán záosend)*...
  2,000 **two thousand** *[tu záosend]*...
  1,000,000 **one million** *[uán mílion]*...

  **123,456,789**, *por ejemplo, es* **one hundred twenty-three million, four hundred fifty-six thousand, seven hundred eighty-nine.**

- *Nota los números que expresan orden o sucesión (ordinales): Anota también su forma abreviada*

  1º = **first** *[ferst]*  1st
  2º = **second** *[sécond]*  2nd
  3º = **third** *[zerd]*  3rd
  4º = **fourth** *[fordt]*  4th
  5º = **fifth** *[fefdt]*  5th
  6º = **sixth** *[sixdt]*  6th
  7º = **seventh** *[sévendt]*  7th
  8º = **eighth** *[éidt]*  8th
  9º = **ninth** *[náindt]*  9th
  10º = **tenth** *[tendt]*  10th

# *Tell Me the Time!* [tel mi de táim] (¡Dime la hora!)

No necesitarás mucho *time* para aprender como decir la hora en inglés. Aunque hay otras maneras para expresarla, esta forma es la más fácil y rápida. Primero tienes que saber la pregunta clave:

*What time is it?*
[uát táim es et]
¿Qué hora es?

Para contestarla, consulta tu cell phone [cel fóun] (celular) o *watch* [uách] (reloj de pulsera) o cualquier *clock* [clác] (reloj de pared), y di la hora con los minutos:

(*six*) **6:15** ( *fifteen*)
(la hora) **HOUR:MINUTES** (los minutos)
[áuer]:[mínuts]

Pon *It's*…[ets] (Son las…) en frente y ya está completo:

*It's* 5:30.   *It's* 7:00.   *It's* 1:55.

Si la hora está "en punto", es un poco diferente:

**6:00** es *six o'clock*   [sics o clác]

- *Otra pregunta será "At what time?"*
  *[at uát táim]  ¿A qué hora?*
- *Para decir A las …, usa at en lugar de it's.*

  *The party is at nine.*
  *The program is at seven-fifteen.*

- **Time** significa muchas cosas en inglés:

  | | |
  |---|---|
  | *Next **time**.* | La próxima **vez**. |
  | *Lots of **time**.* | Mucho **tiempo**. |
  | *What **time?*** | ¿A qué **hora**? |

- *Hay más expresiones de **time**. Aquí siguen algunas de mis favoritas:*

  **A.M.**   [éi em] y **P.M.**   [pi em]
  **in the morning**   [en de mórnin]   de la mañana
  **in the afternoon**   [en de afternún]   de la tarde
  **in the evening** o **at night**   [en de ívnin/at náit]   de la noche
  **at noon**   [at nun]   al mediodía
  **at midnight**   [at mídnait]   a la medianoche
  **on the dot**   [on de dat]   en punto

- *Recuerda, la puntualidad es muy importante en Norteamérica. No puedes llegar y salir cuando quieras. Si tienes una cita importante, ¡no llegues tarde!*

---

### 10.  ¡APUESTO QUE SÍ PUEDES!

| ¡Escribe con números! | Escribe la hora en otra forma: |
|---|---|
| **fifty-six** _56_ | **seven-twenty** _7:20_ |
| **eighteen** _18_ | **one-ten** _____ |
| **thirty-two** _____ | **nine fifty-five** _____ |
| **ninety-one** _____ | **twelve midnight** _____ |
| **four hundred** _____ | **two in the afternoon** _____ |
| **seven thousand** _____ | **eight in the morning** _____ |
| **five million** _____ | **four o'clock** _____ |
| **zero** _____ | **three-thirty** _____ |

*(Las respuestas están en la página 179.)*

# The Calendar [de cálender] (El calendario)

Para continuar marcando el tiempo en inglés, es necesario que aprendas las palabras relacionadas con el calendario. ¡Comencemos con las más comunes!

| | | |
|---|---|---|
| **day** | [déi] | el día |
| **week** | [uík] | la semana |
| **month** | [mant] | el mes |
| **year** | [íer] | el año |

The calendar!

## Days of the Week

| | | |
|---|---|---|
| **Monday** | [mándei] | lunes |
| **Tuesday** | [tiúsdei] | martes |
| **Wednesday** | [uénsdei] | miércoles |
| **Thursday** | [zérsdei] | jueves |
| **Friday** | [fráidei] | viernes |
| **Saturday** | [sáderdei] | sábado |
| **Sunday** | [sándei] | domingo |

## Months of the Year

| | | |
|---|---|---|
| **January** | [llánueri] | enero |
| **February** | [fébrueri] | febrero |
| **March** | [march] | marzo |
| **April** | [éiprol] | abril |
| **May** | [mey] | mayo |
| **June** | [llun] | junio |
| **July** | [llulái] | julio |
| **August** | [ógost] | agosto |
| **September** | [septémber] | septiembre |
| **October** | [octóber] | octubre |
| **November** | [novémber] | noviembre |
| **December** | [dicémber] | diciembre |

# What's the Date? [uáts de déit]
# (¿Cuál es la fecha?)

Cuando digas la fecha en inglés, te sonará un poco rara. Estudia los ejemplos:

| | |
|---|---|
| El **tres** de junio | *June **third*** |
| El **once** de octubre | *October **eleventh*** |
| El **primero** de abril | *April **first*** |

Y el año siempre se lee como dos números separados:

| | | | | | |
|---|---|---|---|---|---|
| 1993 | = | 19 | **(nineteen)** | 93 | **(ninety-three)** |
| 2019 | = | 2000 | **(two thousand)** | 19 | **(nineteen)** |

## ¡ESCÓGELAS Y ÚSALAS!

| | |
|---|---|
| ***There's a party ….*** | Hay una fiesta… (el viernes, el martes). |
| ***Do you work …?*** | ¿Trabajas… (el jueves, el 3 de julio)? |
| ***The program is ….*** | El programa es… (en marzo, por los viernes). |
| ***Tomorrow is ….*** | Mañana es el… (5 de agosto, 2 de junio). |

## ¡Adelante con el *Calendar!*

Aparte de las palabras que usamos en el calendario básico, también es bueno conocer otras palabras y expresiones que te ayudarán a hacer tus mensajes más claros. No te olvides de practicarlas en voz alta primero, antes de lanzarte a usarlas:

***What day is today?*** [uát déi es tudéi] ¿Qué día es hoy?
***What day is tomorrow?*** [uát déi es tumárou]
   ¿Qué día es mañana?
***What day was yesterday?*** [uát déi uás yésterdei]
   ¿Qué día fue ayer?
***…the day after tomorrow*** [de déi áfter tumárou]
   pasado mañana
***…the day before yesterday*** [de déi befór yésterdei]
   anteayer

## More Important Vocabulary

| | | |
|---|---|---|
| ***the next one*** | [de necst uán] | el próximo |
| ***the past one*** | [de past uán] | el pasado |
| ***daily*** | [déili] | diariamente |
| ***weekend*** | [uíkend] | el fin de semana |

---

👉 **¡Avisos!**

- *Para practicar el calendario, usa las* **questions:**
  **When** is vacation?
  **What** day?
  **Which** month?
  **How** many years?
- *¿Te has dado cuenta que en inglés, los meses del año y los días de la semana llevan siempre mayúsculas? ¡Mira la diferencia!*
  *Por el lunes =*
    **On** Monday
  *Por los lunes =*
    **On** Mondays
  *Por el 3 de mayo =*
    **On** May third
  *En 1999 =* **In nineteen ninety-nine**
  *En enero =*
  **In** January

| | | |
|---|---|---|
| *birthday* | [bérdtei] | el cumpleaños |
| *anniversary* | [anivérsari] | el aniversario |
| *wedding* | [uédin] | la boda |
| *party* | [párty] | la fiesta |
| *vacation* | [veiquéichon] | las vacaciones |
| *meeting* | [mítin] | la reunión |
| *appointment* | [apóintment] | la cita |
| *due date* or | [du déit, | la fecha de vencimiento |
| *expiration* | ekspiréichen | |
| *date* | déit] | |

# The Seasons [de sísens]
## (las estaciones)

| | | | | | |
|---|---|---|---|---|---|
| *summer* | [sámer] | el verano | *fall* | [fall] | el otoño |
| *winter* | [uínter] | el invierno | *spring* | [sprin] | la primavera |

---

**11.   ¡APUESTO QUE SÍ PUEDES!**

*Conecta cada palabra con la traducción correcta:*

| | |
|---|---|
| *Tuesday* | febrero |
| *June* | enero |
| *Friday* | martes |
| *December* | invierno |
| *Wednesday* | junio |
| *February* | diciembre |
| *summer* | miércoles |
| *Thursday* | viernes |
| *January* | verano |
| *winter* | jueves |
| *meeting* | reunión |

*(Las respuestas están en la página 179.)*

# How's the Weather?
# [jáos de uéder]
# (¿Qué tiempo hace?)

Todo el mundo conversa del clima y la pregunta común en inglés es *How's the weather?* Es excelente para preguntarla cuando no tienes mucho que decir.

Ahora, si eres tú quien la recibe, contesta así:

| | | | |
|---|---|---|---|
| ***Its…*** | **cold.** | [cold] | frío. |
| [ets] | **hot.** | [jat] | caliente.   (o Hace calor.) |
| Está… | **windy.** | [uíndi] | ventoso. |
| | **sunny.** | [sáni] | soleado. |
| | **warm.** | [uárm] | caluroso. |
| | **cool.** | [cúol] | fresco. |
| | **freezing.** | [frísin] | helado. |
| | **nice.** | [náis] | bonito. |
| | **clear.** | [clíer] | despejado. |
| | **cloudy.** | [cláudi] | nublado. |
| | **snowing.** | [snóuin] | nevando. |
| | **raining.** | [réinin] | lloviendo. |
| | **drizzling.** | [dríslin] | lloviznando. |

## Más palabras del *Weather*

| | | | | | | |
|---|---|---|---|---|---|---|
| ***air*** | [éer] | aire | ***sky*** | [skái] | cielo |
| ***clouds*** | [cláuds] | nubes | ***snow*** | [snóu] | nieve |
| ***degrees*** | [digrís] | grados | ***storm*** | [storm] | tormenta |
| ***forecast*** | [fórcast] | pronóstico | ***temperature*** | [témperacher] | temperatura |
| ***fog*** | [fog] | neblina | ***thermometer*** | [sermómeter] | termómetro |
| ***hurricane*** | [júraquein] | huracán | ***thunder*** | [zánder] | trueno |
| ***ice*** | [áis] | hielo | ***tornado*** | [tornéido] | tornado |
| ***lightning*** | [láitnin] | relámpago | ***water*** | [uáter] | agua |
| ***rain*** | [réin] | lluvia | ***hail*** | [jéil] | granizo |

 **¡Avisos!**

- *Usamos* **there is** *o* **there are** *[der is, der ar] mucho en inglés. Las dos expresiones significan* hay:
  **There is** a storm.
  **There are** clouds.
  **There is** a lot of snow.
- *Agrega* **very**:
  It's **very** nice.
  *Está muy bonito.*

Otras palabras interesantes:

| | | |
|---|---|---|
| **global warming** | [glóbel uármin] | calentamiento global |
| **flood** | [flad] | inundación |
| **landslide** | [lánslaid] | corrimiento de tierras |
| **smog** | [smag] | contaminación del aire |
| **smoke** | [smok] | humo |
| **fire** | [fáer] | fuego |
| **earthquake** | [értcueik] | terremoto |
| **earth** | [erdt] | mundo |
| **stars** | [stars] | estrellas |
| **moon** | [mun] | la luna |
| **tide** | [táid] | la marea |

## 12. ¡APUESTO QUE SÍ PUEDES!

*Traduce y lee en voz alta:*

**It's raining here and snowing there.**

**There are clouds in the sky.**

**It's very nice and clear.**

**Where are the stars and the moon?**

**It's windy and cold in the winter.**

**This fire is red and that smoke is black.**

*(Las respuestas están en la página 180.)*

Escribe los meses en la columna de la derecha.
↓

### THE MONTHS

| | |
|---|---|
| YAUANRJ | |
| MEECDRBE | |
| CRHMA | |
| JYUL | |
| TOROCBE | |
| EUNJ | |
| FURAREBY | |
| EPTBMESRE | |
| RAPIL | |
| USUTGA | |
| AYM | |
| VMBNREEO | |

*(Las respuestas están en la página 180.)*

## ¡VAMOS A REPASAR!

1. Trata de traducir, leer y contestar estos ejercicios en voz alta. Contesta con pocas palabras:

**When is your birthday?** _____

**When is your vacation?** _____

**What time is it?** _____

**What's the date today?** _____

**What day is tomorrow?** _____

**Which is your favorite season?** _____

2. ¿Sabes decir el alfabeto en inglés?
3. ¿Puedes contar del uno al treinta en inglés?

# 5

# People

## [pípol]
## (La gente)

# *Is* [es] y *Are* [ar]
# ¿Cuál es la diferencia?

¡Yo digo IS!

¡Yo digo ARE!

*IS* y *ARE* se escuchan por todas partes porque se usan mucho para comunicar mensajes básicos. Es muy importante que entiendas la diferencia entre una y otra. En general, *is* significa *es* o *está* y se refiere a una sola persona o cosa. Mientras que *are* se refiere a personas o cosas múltiples y, usualmente, significa *son* o *están*. Estudia los ejemplos:

*This **is** my pen.*    Esta **es** mi pluma.

*She **is** fine.*    Ella **está** bien.

*The car **is** red.*    El carro **es** rojo.

*John **is** here.*    Juan **está** aquí.

*Those **are** my books.*    Aquellos **son** mis libros.

*We **are** doctors.*    Nosotros **somos** médicos.

*They **are** in the house.*    Ellos **están** en la casa.

*Mary and Charles **are** friends.*    María y Carlos **son** amigos.

## 13. ¡APUESTO QUE SÍ PUEDES!

*Usa el inglés que ya entiendes para traducir estas frases sencillas:*

**That is Tom's car.** _____

**These are good.** _____

**It is September 10th.** _____

**Five and five are ten.** _____

**It's 8:30 P.M.** _____

**There is a problem.** _____

**There are problems.** _____

Llena los espacios en blanco con *is* o *are*:

**The pencil _____ on the table.**
**Our books _____ in the house.**
**Mr. and Mrs. Gonzalez _____ in the car.**
**Where _____ my big blue pen?**
**How many doctors _____ in the hospital?**
**She _____ a very good friend.**
**They _____ Cubans.**
**That _____ your chair.**
**There _____ twenty-six letters in the English alphabet.**
**The weather _____ very cold in December.**
**It _____ six o'clock.**

*(Las respuestas están en la página 180.)*

*(Las respuestas están en la página 180.)*

---

### ¡Aviso!

**You** *significa* tú, vosotros, Ud. o Uds., *y siempre toma* **are**:

You **are** my friend.
You **are** my friends.
You **are** an excellent doctor.
You **are** excellent doctors.
You **are** a Latino.
You **are** Latinos.

---

¿Estás usando la regla de combinar?: **That's** Tom's car. **There's** a problem. **You're** my friend.

# La Conexión #1

Ya es tiempo de unir todas tus *words* [uérds] (palabras). Unas cuantas palabras unidas lógicamente pueden crear un mensaje muy significativo. Y no olvides que ni la mala pronunciación ni la gramática incorrecta pueden destruir una buena comunicación. Habla sin miedo poniendo tus palabras más o menos en el mismo orden que lo haces en español.

Al empezar a hablar, lo más fácil es usar palabras sueltas y frases cortas:

> **Yes!**    ¡Sí!
> **He is.**    Él es.

Después, agregar más palabras para explicar no es muy difícil:

> Yes, he is **my friend.**

Además, se facilita más La Conexión usando estas palabritas: **and** (y), **or** (o), **but** (pero). Por ejemplo:

> He is my friend, **and** she is my friend, **but** she's more intelligent.

Aquí tienes tres frases (¿recuerdas todas las palabras?) que al juntarse forman oraciones largas:

1.  **Joe's book**                          El libro de José
    **is red and blue,**                  es rojo y azul,
    **but it's at his house.**        pero está en su casa.
2.  **What's your name**              ¿Cómo te llamas
    **and where do you live?**    y dónde vives?
3.  **In December**                      En diciembre
    **it's cloudy and very cold,**    está nublado y hace mucho
    **and there are lots of storms.**    frío, y hay muchas tormentas.

Ahora, trata de conectar tus propias frases:

_____

_____

_____

¡Sigue uniendo tus palabras! Si al hablar se te olvida una, díla en español. Esto podría sorprender a algunos americanos, pero te van a comprender.

# How Are You? [ jáo ar iú]
# (¿Cómo estás?)

Nosotros ya hemos hablado un poco acerca de la pregunta, *¿Cómo estás?* en inglés. Y sabemos la respuesta, **fine** [fáin] (*bien*). Ahora veamos otras posibles respuestas con las que puedes expresar cómo te sientes:

| | | |
|---|---|---|
| **good** | [gud] | bien |
| **angry** | [éngri] | enojado |
| **bored** | [bord] | aburrido |
| **busy** | [bísi] | ocupado |
| **confused** | [confiúst] | confundido |
| **excited** | [eksáited] | emocionado |
| **fantastic** | [fantástic] | fantástico |
| **happy** | [jápi] | feliz |
| **nervous** | [nérves] | nervioso |
| **not bad** | [nat bad] | regular |
| **proud** | [práud] | orgulloso |
| **sad** | [sad] | triste |
| **sick** | [sic] | enfermo |
| **sleepy** | [slípi] | dormido |
| **strong** | [strong] | fuerte |
| **surprised** | [surpráist] | sorprendido |
| **tired** | [táird] | cansado |
| **weak** | [uík] | débil |
| **worried** | [uórid] | preocupado |

## ¡ESCÓGELAS Y ÚSALAS!

- **The girls are ....**  Las muchachas están … (cansadas, nerviosas).
- **You're very ....**  Tienes mucho … (frío, calor).
- **Steve is ....**  Esteban está … (triste, ocupado).
- **They are ....**  Están … (orgullosos, fuertes).
- **I'm a little ....**  Estoy un poco … (enfermo, dormido).

# *What a Body!* [uát a bádi] (¡Qué cuerpo!)

Llegó el momento de aprender las diferentes partes del cuerpo humano. Después de todo, las personas estamos hechas de *flesh and bone* [flech an bon] (carne y hueso):

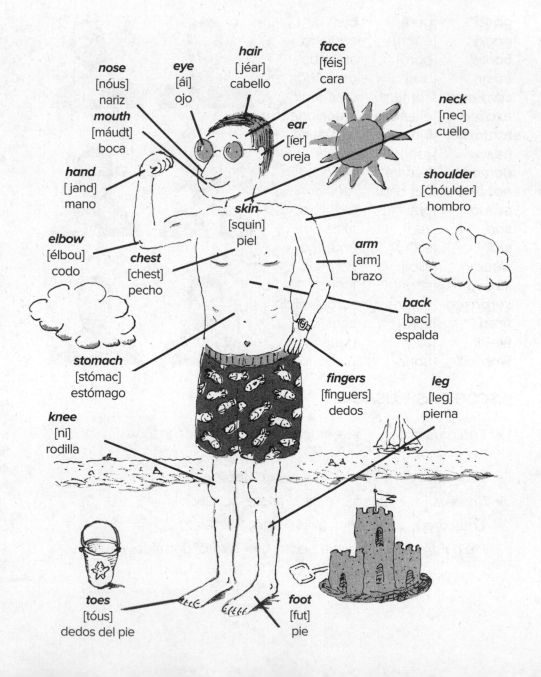

**nose**
[nóus]
nariz

**eye**
[ái]
ojo

**hair**
[jéar]
cabello

**face**
[féis]
cara

**mouth**
[máudt]
boca

**ear**
[íer]
oreja

**neck**
[nec]
cuello

**hand**
[jand]
mano

**skin**
[squin]
piel

**shoulder**
[chóulder]
hombro

**elbow**
[élbou]
codo

**chest**
[chest]
pecho

**arm**
[arm]
brazo

**back**
[bac]
espalda

**stomach**
[stómac]
estómago

**fingers**
[fínguers]
dedos

**leg**
[leg]
pierna

**knee**
[ni]
rodilla

**toes**
[tóus]
dedos del pie

**foot**
[fut]
pie

### 14. ¡APUESTO QUE SÍ PUEDES!

*Traduce y pon tu mano en estas partes del cuerpo:*

**head**　　**nose**　　**shoulder**　　**stomach**

**neck**　　**foot**　　**leg**　　**knee**

*(Las respuestas están en la página 180.)*

*Busca estas partes del cuerpo en la figura anterior:*

| | | |
|---|---|---|
| **ribs** | [ribs] | costillas |
| **spine** | [espáin] | espina |
| **thumb** | [zam] | pulgar |
| **armpit** | [armpit] | axila |
| **navel** | [néibel] | ombligo |
| **throat** | [zrout] | garganta |
| **teeth** | [tiz] | dientes |
| **muscle** | [másel] | músculo |
| **ankle** | [éinquel] | tobillo |
| **wrist** | [rist] | muñeca |
| **buttocks** | [bátacs] | nalgas |
| **waist** | [uéist] | cintura |
| **belly** | [béli] | barriga |
| **chin** | [chin] | barbilla |
| **cheek** | [chic] | mejilla |
| **lip** | [lip] | labio |
| **tongue** | [tanc] | lengua |

## Ouch! [áuch] (¡Ayyy!)

Aquí tienes algunas palabras y frases en inglés para ayudarte a expresar problemas o dolores que tengas en el cuerpo:

| | | |
|---|---|---|
| **bump** | [bamp] | bulto |
| **blood** | [blad] | sangre |
| **broken bone** | [bróquen bon] | hueso quebrado |
| **bruise** | [brus] | contusión |
| **cut** | [cat] | cortada |
| **fever** | [fíver] | fiebre |
| **pain** | [péin] | dolor |
| **sprain** | [espréin] | torcedura |
| **a cold** | [a cold] | resfriado |
| **sore throat** | [sor tróut] | dolor de garganta |
| **the flu** | [de flu] | influenza |
| **backache** | [bac éic] | dolor de espalda |

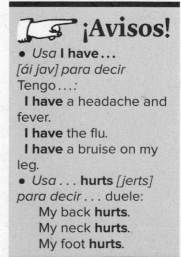

### ¡Avisos!

● *Usa* **I have...** *[ái jav] para decir* Tengo...:
　**I have** a headache and fever.
　**I have** the flu.
　**I have** a bruise on my leg.

● *Usa* ... **hurts** *[jerts] para decir* ... duele:
　My back **hurts**.
　My neck **hurts**.
　My foot **hurts**.

| headache | [ jed éic] | dolor de cabeza |
| stomachache | [stómac éic] | dolor de estómago |
| toothache | [tud éic] | dolor de muela |

## En caso de emergencia

| accident | [áccident] | accidente |
| ambulance | [ámbiulans] | ambulancia |
| clinic | [clínic] | clínica |
| emergency | [emérllensi] | emergencia |
| first aid | [ferst éid] | primeros auxilios |
| hospital | [ jáspital] | hospital |
| medicine | [médicin] | medicina |
| paramedics | [peramédics] | paramédicos |
| Red Cross | [red cras] | Cruz Roja |

## The Organs!

| brain | [bréin] | cerebro |
| lung | [lang] | pulmón |
| heart | [ jar] | corazón |
| liver | [líver] | hígado |
| kidney | [quídni] | riñón |
| bladder | [bláder] | vejiga |

### 15.  ¡APUESTO QUE SÍ PUEDES!

*Traduce y lee en voz alta:*

**The paramedics are in the ambulance.**
**There's pain in her elbow.**
**He has cuts and blood on his arms.**

*Subraya los rasgos faciales:*

| | |
|---|---|
| **back** | **eyes** |
| **nose** | **shoulder** |
| **mouth** | **foot** |
| **leg** | **ear** |
| **neck** | **chest** |

*(Las respuestas están en la página 180.)*

# *How's the Family?*
# [ jáos de fámeli]
# (¿Cómo está la familia?)

Sin duda, uno de los primeros encuentros que tendrás en inglés te llevarán a hablar de los miembros de tu familia. Pero antes de que aprendamos sobre la *family*, primero hagamos un esfuerzo en dominar varias palabras acerca de las personas. (Nota las diferentes formas):

| | | |
|---|---|---|
| *man* | [man] | hombre |
| *woman* | [uóman] | mujer |
| *child* | [cháild] | niño o niña |
| *girl* | [guerl] | muchacha |
| *boy* | [bói] | muchacho |
| *baby* | [béibi] | bebé |
| *children* | [chíldren] | niños |

Ahora…

## The Family

| | | |
|---|---|---|
| *mother* | [máder] | madre |
| *father* | [fáder] | padre |
| *son* | [san] | hijo |
| *daughter* | [dáter] | hija |

| | | |
|---|---|---|
| *parents* | [pérents] | padres |
| *grandparents* | [grándperents] | abuelos |
| *brother* | [bráder] | hermano |
| *sister* | [síster] | hermana |

## ¡ESCÓGELAS Y ÚSALAS!

- *Lupe is my* …. Lupe es mi… (hermana, hija).
- *The* … *is here.* (El hombre, La muchacha) está aquí.
- *Who is her* ….? ¿Quién es su… (madre, padre)?
- *We are John's* …. Somos los… (abuelos, parientes) de Juan.
- *These are the* …. Estos son los… (niños, bebés).

Más palabras de **persons**:

| | | |
|---|---|---|
| **partners** | [pártners] | socios |
| **members** | [mémbers] | miembros |
| **co-workers** | [co-uérquers] | compañeros del trabajo |
| **roommates** | [rúm meits] | compañeros del cuarto |
| **people** | [pípol] | gente |
| **teenagers** | [tin éillers] | adolescentes |
| **adults** | [adólts] | adultos |
| **kids** | [quids] | personas jóvenes o niños |
| **friend** | [frend] | amigo |
| **partner** | [pártner] | socio |
| **relatives** | [rélativs] | parientes |
| **buddies** | [bádis] | compañeros |
| **lovers** | [lávers] | amantes |
| **boyfriend** | [bóifrend] | novio |
| **girlfriend** | [guérlfrend] | novia |

| | | | | |
|---|---|---|---|---|
| **someone** | [sámuan] o **somebody** | [sámbadi] | alguien |
| **no one** | [no uán] o **nobody** | [nóubadi] | nadie |
| **anyone** | [éniuan] o **anybody** | [énibadi] | cualquier persona |
| **everyone** | [évriuan] o **everybody** | [évribadi] | todo el mundo |

# The Whole Family
[de jol fámili] Toda la familia

| | | |
|---|---|---|
| **mom and dad** | [mam and dad] | mamá y papá |
| **grandfather** | [grándfader] | abuelo |
| **grandmother** | [grándmader] | abuela |
| **grandchildren** | [grándchildren] | nietos |
| **uncle** | [áncol] | tío |
| **aunt** | [ant] | tía |

| | | |
|---|---|---|
| **step-parents** | [stép pérents] | padrastros |
| **step-child** | [stép chaild] | hijastro |
| **cousin** | [cásin] | primo o prima |
| **nephew** | [néfiu] | sobrino |
| **niece** | [nis] | sobrina |
| **husband** | [jásben] | esposo |
| **wife** | [uáif] | esposa |
| **father-in-law** | [fáder in lo] | suegro |
| **mother-in-law** | [máder in lo] | suegra |
| **son-in-law** | [san in lo] | yerno |
| **daughter-in-law** | [dáter in lo] | nuera |
| **brother-in-law** | [bráder in lo] | cuñado |
| **sister-in-law** | [síster in lo] | cuñada |
| **godfather** | [gádfader] | padrino |
| **godmother** | [gádmader] | madrina |
| **godparents** | [gádperents] | padrinos |

*Puedes hablar mucho de la familia con **his** y **her** (su). Lee todo en voz alta. Recuerda que **her** es **de ella** y **his** es **de él** ¿ Puedes traducirlas?*

- Habla de la gente usando estas palabras claves:

| | | | |
|---|---|---|---|
| | **older.** | [ólder] | mayor. |
| | **younger.** | [iánguer] | menor. |
| **He is…** El es… | **a twin.** | [a túin] | un gemelo(a). |
| **She is…** Ella es… | **married.** | [mérid] | casado(a). |
| | **single.** | [síngol] | soltero(a). |
| | **divorced.** | [divórst] | divorciado(a). |
| | **widowed.** | [uídoud] | viudo(a). |

| | |
|---|---|
| **He's her husband.** | **She's his wife.** |
| **He's her father.** | **She's his mother.** |
| **He's her brother.** | **She's his sister.** |
| **He's her son.** | **She's his daughter.** |
| **He's her grandfather.** | **She's his grandmother.** |

**¡VAMOS A REPASAR!**

1. ¿Entiendes esta historia?

   ***Mary is Dan's girlfriend. She's in the hospital.***

   ***She is sick. Dan is fine, but he's very worried.***

2. En inglés:

   ¿Cuáles son cinco partes del cuerpo humano?

   ¿Cuáles son cinco palabras diferentes que expresan cómo te sientes?

   ¿Cuáles son cinco miembros de una familia?

**3.**   ¡Practica esta conversación!

|  |  |
|---|---|
| *How's your family?* | *Everybody is O.K., thanks.* |
| *Where are they?* | *My mother and father are in Mexico. My brother and sister are here.* |
|  |  |
| *Who is Alma?* | *She is my wife.* |
| *What's your brother's name?* | *Roberto.* |
| *How old is he?* | *He's twenty.* |

## 16.   ¡APUESTO QUE SÍ PUEDES!

*Escribe la palabra contraria. Después traduce y lee en voz alta:*

**male    female**

**men    women**

**husband** _____

**grandfather** _____

**boy** _____

**boyfriend** _____

**father** _____

**son** _____

**brother** _____

**uncle** _____

*Conecta cada palabra en inglés con su significado:*

| | |
|---|---|
| **cousins** | niños |
| **buddies** | casado |
| **children** | primos |
| **parents** | adolescente |
| **nobody** | compañeros |
| **people** | gente |
| **married** | padres |
| **teenager** | mamá |
| **mom** | nadie |
| **partner** | socio |

*(Las respuestas están en la página 180.)*

# *A Lot of Work!* [a lat af uérk] (¡Mucho trabajo!)

La mayoría de las personas no pasan todo su tiempo en la casa con los miembros de la familia. Mucha gente se va a trabajar. Por lo tanto, necesitamos aumentar nuestro vocabulario para incluir palabras relativas al ***work***.

## *The Workers* [de uérkers] (Los trabajadores)

| | | |
|---|---|---|
| **accountant** | [acáutant] | contador |
| **architect** | [árquetect] | arquitecto |
| **babysitter** | [béibisiter] | cuidador de niños |
| **butcher** | [búcher] | carnicero |
| **carpenter** | [cárpenter] | carpintero |
| **cashier** | [cachíer] | cajero |
| **chef** | [chef] | cocinero |
| **clerk** | [clerc] | dependiente |
| **dentist** | [déntist] | dentista |
| **doctor** | [dáctor] | doctor |
| **engineer** | [inllenír] | ingeniero |
| **farmer** | [fármer] | agricultor |
| **firefighter** | [fáir fáiter] | bombero |
| **gardener** | [gárdner] | jardinero |
| **lawyer** | [lóller] | abogado |
| **maid** | [méid] | criada |
| **mechanic** | [mecánic] | mecánico |
| **musician** | [miusíchan] | músico |
| **nurse** | [ners] | enfermero |
| **painter** | [péinter] | pintor |
| **plumber** | [plámer] | plomero |
| **programmer** | [prógramer] | programador |
| **policeman** | [polísman] | policía |
| **salesperson** | [séilsperson] | vendedor |
| **scientist** | [sáentist] | científico |
| **secretary** | [sécretari] | secretario |

| | | |
|---|---|---|
| *soldier* | [sólchier] | soldado |
| *student* | [stúdent] | estudiante |
| *surgeon* | [súrchen] | cirujano |
| *teacher* | [tícher] | maestro |
| *technician* | [tecníchan] | técnico |
| *truck driver* | [trac dráiver] | camionero |
| *waiter* | [uéiter] | mesero |
| *worker* | [uérker] | trabajador |

## Algunas personas "*extras*"

| | | |
|---|---|---|
| *assistant* | [asístent] | asistente |
| *boss* | [bas] | jefe |
| *client* | [cláient] | cliente |
| *employee* | [emplólli] | empleado |
| *owner* | [oúner] | dueño |
| *employer* | [emplóller] | empresario |
| *manager* | [mánayer] | gerente |

## Ocupaciones algo diferentes

| | | |
|---|---|---|
| *actor* | [áctor] | actor |
| *astronaut* | [ástronat] | astronauta |
| *athlete* | [átlit] | atleta |
| *clown* | [cláon] | payaso |
| *thief* | [dif] | ladrón |
| *writer* | [ráiter] | escritor |
| *singer* | [sínguer] | cantante |
| *priest* | [prist] | cura |
| *judge* | [chach] | juez |

## ¡ESCÓGELAS Y ÚSALAS!

- ***Who is the …?*** ¿Quién es… (el jefe, el cocinero, el maestro)?
- ***Kim and Fred are ….*** Kim y Fred son… (los dueños, los clientes).
- ***The … is excellent.*** (El pintor, El mecánico, El atleta) … es excelente.

### 17. ¡APUESTO QUE SÍ PUEDES!

*Traduce oralmente estas frases:*

*Mrs. Davis is a good lawyer.*

*That teacher is very busy.*

*My sister is an English student.*

*Those athletes are Mark's friends.*

*There are five waiters in the restaurant.*

*Where is the apartment manager?*

*Why is the policeman here?*

*Mike and George are my mechanics.*

*Conecta la palabra con su significado:*

| | |
|---|---|
| **soldier** | escritor |
| **nurse** | bombero |
| **cashier** | jardinero |
| **writer** | enfermero |
| **firefighter** | criada |
| **gardener** | cajero |
| **maid** | soldado |

*(Las respuestas están en la página 180.)*

## "Work, Work, Work!"

No existe realmente una manera de presentar en inglés todo el vocabulario relacionado con tu trabajo. Todos tenemos diferentes ***jobs*** [llabs] (trabajos), y dentro de cada ***job*** hay diferentes funciones. La siguiente es una colección de palabras que te pueden ayudar. Pero si necesitas saber el nombre de algo específico acerca de tu lugar de trabajo, pide ayuda a alguien que hable inglés. Recuerda esta pregunta: ***What's this thing called in English?*** (¿Cómo se llama esto en inglés?)

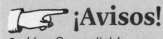 **¡Avisos!**

- *¡Usa Spanglish!*
  el **overtime** *[óvertaim]*
  el **break** *[breik]*
  la **happy hour** *[jápi aur]*
  el **lonche**
- *¡Ordena!*
  **Talk to the boss!** *¡Habla con el jefe!*
  **Cash your check!** *¡Cambia tu cheque!*
  **Bring me the time card!** *¡Tráigame la tarjeta de trabajo!*

Ahora, trabajemos con estos vocablos:

| | | |
|---|---|---|
| **debt** | [det] | deuda |
| **expenses** | [ecspénses] | gastos |
| **income** | [íncom] | ingresos |
| **social security** | [sóchel sequiúriti] | seguro social |
| **equipment** | [iquípment] | equipo |
| **management** | [mańechment] | administración |
| **agency** | [éillensi] | agencia |
| **application** | [apliquéichon] | aplicación |
| **appointment** | [apóintment] | cita |
| **computer** | [compiúter] | computadora |
| **contract** | [cóntract] | contrato |
| **copier** | [cópier] | copiadora |
| **driver** | [dráiver] | chofer |
| **factory** | [fáctori] | fábrica |
| **file** | [fáil] | archivo |
| **forms** | [forms] | formas |
| **interview** | [ínterviu] | entrevista |
| **machine** | [machín] | máquina |
| **materials** | [matírials] | materiales |
| **meeting** | [mítin] | junta |
| **office** | [áfis] | oficina |
| **paycheck** | [péichec] | cheque de pago |
| **printer** | [prínter] | impresora |
| **program** | [prógram] | programa |
| **repair** | [ripér] | reparación |
| **schedule** | [squéchul] | horario |
| **time card** | [táim card] | tarjeta de trabajo |
| **tools** | [tuls] | herramientas |
| **training** | [tréinin] | entrenamiento |
| **warehouse** | [úerjaus] | almacén |

☞ **¡Avisos!**

- **¡Solicita!**
  **I would like . . .**
  *[ai uód laik]*
  *Yo quisiera . . .*
    **more business**.
    *[mor bísnes]*
    *más negocios.*
  **my vacation.**
    *[mái veiquéichon]*
    *mis vacaciones.*
  **insurance.**
    *[inchúrens] el seguro.*
  **more benefits.**
    *[mor bénefits] más*
    *beneficios.*
  **a position.** *[a*
    *posichon] un puesto.*
  **a career.** *[a caríer]*
    *una carrera.*
  **an opportunity.**
    *[en aportúneti] una*
    *oportunidad.*
  **success!** *[sacsés] ¡el*
    *éxito!*
- **¡Conversa!**
  **Francisco . . .**
  **Mr. Smith . . .**
  **He . . .**
  **She . . .**
  **My friend . . .**
  **Mary . . .**
  **quit.** *[cuit] renunció.*
  **retired.** *[ritáird]*
    *se retiró.*
  **is hired.** *[es jáyerd]*
    *está contratado(a).*
  **is fired.** *[es fáyerd]*
    *está despedido(a).*

**18. ¡APUESTO QUE SÍ PUEDES!**

*Pon las frases de inglés en orden para formar oraciones completas. Luego léelas en voz alta dos o tres veces.*

**at the meeting**    **The secretary**    **are**    **and the boss**

**The teacher**    **at the computer**    **and the student**    **are**

> and the clerk     The lawyer     at the office     are
>
> are     The manager     at the factory     and the engineer
>
> at the machine     are     and the nurse     The doctor
>
> the schedules     Where are     and the forms?
>
> the time cards?     the paychecks     Where are     and
>
> *(Las respuestas están en la página 181.)*

¿Y qué sabes tú de estas palabras "técnicas"?

| | | |
|---|---|---|
| **cable** | [québol] | cable |
| **chat** | [chat] | conversación, conversar |
| **desktop** | [desktap] | (de) escritorio |
| **dotcom** | [dátcom] | puntocom |
| **download** | [dáunloud] | descarga, descargar |
| **drive** | [dráiv] | impulsor |
| **fax** | [facs] | facsímil |
| **file** | [fáil] | archivo, archivar |
| **external drive** | [flach dráif] | memoria externa |
| **keyboard** | [quíbord] | teclado |
| **link** | [link] | enlace, enlazar |
| **memory** | [mémori] | memoria |
| **mouse** | [máus] | ratón |
| **online** | [onláin] | conectado |
| **password** | [pásuer] | contraseña |
| **print** | [print] | imprimir, texto impreso |
| **screen** | [scrin] | pantalla |
| **shut down** | [chat dáun] | apagar |
| **software** | [sáftuer] | programa |
| **system** | [sístem] | sistema |
| **text message** | [tekst mésech] | mensaje de texto |
| **user ID** | [iúser ái di] | identificación del usuario |
| **wireless** | [uáierles] | inalámbrico |
| **charger** | [chárcher] | cargador |
| **application** | [apliquéchon] | aplicación |
| **adapter** | [adápter] | adaptadora |
| **port** | [port] | puerto |
| **shortcut** | [shórtcat] | acceso directo |
| **task bar** | [tasc bar] | barra de tareas |
| **trash** | [trach] | basura |
| **headset** | [jédset] | audífonor |
| **(or earbuds)** | | |

¿Cuántas palabras inglesas son iguales en los dos idiomas? Mira:

| | | |
|---|---|---|
| *internet* | *modem* | *website* |
| *monitor* | *laptop* | *scanner* |

# What Do They Look Like? [uát du dey luk láik] (¿Cómo son?)

Al hablar de personas en inglés, éstas se describen igual que las cosas. Necesitas aplicar la regla del reverso. Cada vez que quieras describir a alguien, simplemente pon las palabras "al revés" en tu mente:

Él es un **muchacho grande**.    *He's a **big boy**.*

Y ahora, practica con estas palabras descriptivas:

What do **you** look like?

| | | |
|---|---|---|
| *big* | [big] o | |
| *large* | [larch] | grande |
| *little* | [lítel] o | |
| *small* | [smol] | pequeño |
| *good* | [gud] | bueno |
| *bad* | [bad] | malo |
| *new* | [niú] | nuevo |
| *old* | [old] | viejo |
| *lazy* | [léisi] | perezoso |
| *hard-working* | [jard-uérkin] | trabajador |
| *ugly* | [ágli] | feo |
| *pretty* | [príti] | bonito |
| *handsome* | [jánsom] | guapo |
| *tall* | [tal] | alto |
| *long* | [long] | largo |
| *short* | [chort] | bajo o corto |
| *thin* | [zin] | flaco |
| *fat* | [fat] | gordo |
| *crazy* | [créisi] | loco |
| *nice* | [náis] | simpático |
| *strange* | [stréinch] | extraño |
| *strong* | [strong] | fuerte |
| *weak* | [uík] | débil |

## ¡ESCÓGELAS Y ÚSALAS!

- *You are very….*   Tú eres muy… (gorda, vieja, alta).
- *He's….*   Él es… (bajo, guapo, fuerte).
- *Is Rogelio…?*   ¿Es Rogelio… (extraño, flaco, perezoso)?

Ahora puedes describer a cualquiera persona u objeto:

She's _____

It's _____

They're _____

| | | | | | |
|---|---|---|---|---|---|
| *dumb* | [dam] | tonto | *comfortable* | [cámforteibol] | cómodo |
| *smart* | [smart] | inteligente | *fast* | [fast] | rápido |
| *bright* | [bráit] | brillante | *slow* | [slóu] | lento |
| *dirty* | [dérti] | sucio | *empty* | [émpti] | vacío |
| *clean* | [clin] | limpio | *full* | [ful] | lleno |
| *interesting* | [íntrestin] | interesante | *light* | [láit] | claro |
| *brave* | [bréiv] | valiente | *dark* | [darc] | oscuro |
| *dangerous* | [dényeres] | peligroso | *easy* | [ísi] | fácil |
| *broken* | [bróquen] | roto | *difficult* | [dfícalt] | difícil |
| *wide* | [uáid] | ancho | *expensive* | [expénsif] | caro |
| *narrow* | [nérou] | estrecho | *cheap* | [chip] | barato |
| *smooth* | [smud] | suave | *hot* | [jat] | caliente |
| *rough* | [raf] | áspero | *cold* | [cold] | frío |
| *famous* | [féimas] | famoso | *hard* | [jard] | duro |
| *right* | [ráit] | correcto | *soft* | [saft] | blando |
| *wrong* | [rong] | incorrecto | *rich* | [rich] | rico |
| *available* | [avéilabol] | disponible | *poor* | [púor] | pobre |

## ¡ESCÓGELAS Y ÚSALAS!

- *That man is ….*   Ese hombre es… (rico, pobre, valiente).
- *My car is ….*   Mi carro está… (lleno, limpio, sucio).
- *Many people are ….*   Muchas personas son… (difíciles, famosas).

**¡Avisos!**

- *Existen cantidades de palabras descriptivas que son fáciles de recordar porque se parecen mucho al español:* **favorite, natural, sincere, popular, elegant, terrible, furious.** *Ten cuidado con las engañosas:* **embarrassed** *(avergonzada) no significa embarazada.*

- *Para dar una descripción completa, hazlo como en español:* **The house is big, red, and green.** *(La casa es grande, roja y verde.)*

- *Ahora que estás poniendo más de dos vocablos juntos en inglés, te mereces unas palabras de ánimo:* Siente orgullo por lo que has logrado hasta ahora. ¡La confianza se gana con pequeños éxitos!

## ¡VAMOS A REPASAR!

**1.** Estudia y lee en voz alta:

*The new manager is in the big warehouse.*
*Where are those three pretty nurses?*
*John, Donna, and Bill are three very interesting people.*
*Who is that tall and thin boy?*
*My father is nice, intelligent, and handsome.*
*Her arms are strong, but her legs are weak.*

**2.** Escribe tus propias oraciones:

_____

_____

_____

**3.** En inglés, ¿Cuáles son tres profesiones?
¿Cuáles son tres palabras descriptivas?

---

### 19. ¡APUESTO QUE SÍ PUEDES!

| Conecta los vocablos opuestos: | | Conecta la palabra en inglés con su significado en español: | |
|---|---|---|---|
| **big** | **bad** | | |
| **pretty** | **long** | **weak** | fuerte |
| **thin** | **dirty** | **easy** | barato |
| **hot** | **little** | **full** | pobre |
| **old** | **ugly** | **crazy** | débil |
| **hard** | **soft** | **cheap** | fácil |
| **clean** | **cold** | **strong** | lleno |
| **good** | **new** | **poor** | loco |
| **short** | **fat** | | |

*(Las respuestas están en la página 181.)*

# THE FAMILY

**Horizontales**
3. hijos
5. esposos
8. hijas
9. esposas
10. hermanos
11. sobrinos
12. primos

**Verticales**
1. padres
2. madres
4. abuelos
6. hermanas
7. sobrinas

*(Las respuestas están en la página 181.)*

# 6

# Things

## [zings]
## (Las cosas)

# *In My House…*
# [in mái jaus]  (En mi casa…)

Como con todas las cosas, toda palabra nueva se aprende mejor a través de la experiencia. Haz que una persona te dé órdenes, las cuales tú debes obedecer, para mover, señalar, recoger, llevar, o simplemente tocar las siguientes cosas de la casa:

| **Move** | **Point to** | **Pick up** | **Carry** | **Touch** |
|---|---|---|---|---|
| [muv] | [póin tu] | [pícap] | [quéri] | [tach] |
| mueve | señala | recoge | lleva | toca |

**the…**
[de]
la/el

**sofa** [sófa]

**stereo** [stério]

**bathtub** [bádtab]

**refrigerator** [rifríllereitor]

**armchair** [ármcher]

**painting** [péintin]

**bookcase** [búkqueis]

**bed** [bed]

**lamp** [lamp]

**table** [téibol]

**phone** [fon]

**toilet** [tóilet]

**TV** [tiví]

**door** [dor]

**stove** [stóuf]

**sink** [sinc]

**clock** [clác]

**dresser** [dréser]

**chair** [cher]

**computer**
[campiúter]

**dishwasher**
[díchuacher]

**microwave**
[máicroweiv]

**iron**
[áiron]

## ¡ESCÓGELAS Y ÚSALAS!

- ***…is broken.*** (La lámpara, La estufa)…está rota/descompuesta.
- ***Where are the big, black…?*** ¿Dónde están las grandes y negras…(mesas, sillas)?
- ***How much is the…?*** ¿Cuánto cuesta…(el librero, el sillón)?

# More Objects in the House!
## (¡Más cosas en la casa!)

| | | |
|---|---|---|
| **rug** | [rag] | alfombra |
| **trash can** | [trách can] | bote de basura |
| **cabinets** | [cábnets] | gabinetes |
| **curtains** | [quértens] | cortinas |
| **closet** | [cláset] | ropero |
| **vacuum cleaner** | [váquium clíner] | aspiradora |
| **washer** | [uácher] | lavadora |
| **dryer** | [dráier] | secadora |
| **blender** | [blénder] | licuadora |
| **toaster** | [tóuster] | tostadora |
| **mirror** | [míror] | espejo |
| **drawers** | [dróers] | cajones |
| **shower** | [cháuer] | ducha |
| **broom** | [brum] | escoba |
| **mop** | [map] | trapeador |
| **bucket** | [báquet] | balde |
| **oven** | [áven] | horno |

### 20. ¡APUESTO QUE SÍ PUEDES!

*Traduce y lee en voz alta:*

**The new rug and curtains are black and red.**

**Where are the large cabinets and dressers?**

**The oven and the stove are very dirty.**

> *How many doors and windows are in the house?*
> *There are many brooms and mops in the closet.*
>
> *(Las respuestas están en la página 181.)*

☞ **¡Avisos!**

*Muchos de los objetos caseros se nombran en Spanglish y no necesitan ser cambiados.*

- el **switch**
- los **speakers**
- el **Bluetooth**
- el **iPad**
- el **cellular**
- el **HDTV**
- el **radio FM**

*¡Descubre otros más por ti mismo!*

## What Do You Need?
## [uát du iu níd]  (¿Qué necesitas?)

| | | |
|---|---|---|
| *pillow* | [pílo] | almohada |
| *blanket* | [blénquet] | frazada |
| *sheet* | [chíit] | sábana |
| *bed cover* | [bed caver] | cubrecama |
| *ironing board* | [áironin bord] | tabla de planchar |
| *towel* | [táuel] | toalla |
| *soap* | [sóup] | jabón |
| *pot* | [pat] | olla |
| *pan* | [pan] | sartén |
| *dishes* | [díches] | platos |
| *silverware* | [sílveruer] | cubiertos |
| *detergent* | [diterchent] | detergente |
| *fan* | [fan] | ventilador |
| *nightstand* | [náitstand] | mesa de noche |
| *stool* | [stul] | taburete |
| *curtains* | [cúrtens] | cortinas |
| *bench* | [bench] | banco |

### ¡ESCÓGELAS Y ÚSALAS!

- *The…is there.*   El…(espejo, ropero, gabinete) está allí.
- *This…is very ugly.*   Esta…(frazada, toalla, alfombra) es muy fea.
- *Whose…is that?*   ¿De quién es esa…(plancha, toalla, escoba)?

# *Where Is It?* [uér es et]
# (¿Dónde está?)

La próxima vez que no puedas encontrar algo que esté extraviado en **the house**, prepara una búsqueda con la familia. Aquí tienes algunos lugares donde posiblemente encontrarás lo que buscas:

| *It's in the…* | | | |
|---|---|---|---|
| Está en… | **closet.** | [cláset] | el ropero. |
| | **bedroom.** | [bédrum] | el dormitorio. |
| | **bathroom.** | [bádtrum] | el cuarto de baño. |
| | **kitchen.** | [quítchen] | la cocina. |
| | **dining room.** | [dáinin rum] | el comedor. |
| | **living room.** | [lívin rum] | la sala. |
| | **garage.** | [garách] | el garaje. |
| | **basement.** | [béisment] | el sótano. |
| | **attic.** | [átic] | el desván. |
| | **hallway.** | [jáluei] | el pasillo. |
| | **garden.** | [gárden] | el jardín. |
| | **yard.** | [yard] | el patio. |
| | **room.** | [rum] | el cuarto. |
| | **porch.** | [porch] | el porche. |

Si te ves en apuros domésticos, puedes expresarlos así:

**There are problems with my…**
Hay problemas con mi(s)…

| **home.** | [ jom] | hogar. |
|---|---|---|
| **apartment.** | [apártment] | apartamento. |
| **condominium.** | [condomínium] | condominio. |
| **air conditioning.** | [éir condíchonin] | aire acondicionado. |
| **keys.** | [quis] | llaves. |
| **electricity.** | [ilectrísiti] | electricidad. |
| **furniture.** | [fúrnechur] | muebles. |
| **outlets.** | [áutlets] | enchufes. |
| **gate.** | [gueit] | portón. |
| **heating.** | [ jítin] | calefacción. |
| **locks.** | [lacs] | cerraduras. |
| **plumbing.** | [plámin] | tubería. |
| **lights.** | [láits] | luces. |
| **fence.** | [fens] | cerca. |
| **stairs.** | [sters] | escaleras. |

| townhouse. | [táunjaus] | duplex. |
| alarm. | [alarm] | alarma. |
| pipes. | [paips] | tubería. |
| doorbell. | [dórbel] | timbre. |
| faucet. | [fácet] | grifo. |
| wall. | [uál] | pared. |

## Housework Chores [jáusuerk chors] (Los quehaceres domésticos)

Las siguientes palabras te serán útiles en el cuidado de tu casa:

Where is it?

## Tools [tuls] (Las herramientas)

| drill | [dril] | taladradora |
| hammer | [jámer] | martillo |
| hose | [jóus] | manguera |
| ladder | [láder] | escalera |
| nail | [néil] | clavo |
| pliers | [pláiers] | alicates |
| rake | [réik] | rastrillo |
| saw | [sa] | serrucho |
| scissors | [sísers] | tijeras |
| screw | [scru] | tornillo |
| screwdriver | [scrúdraiver] | destornillador |
| shovel | [chável] | pala |
| wrench | [rench] | llave inglesa |

## Materials [matírials] (Los materiales)

| asphalt | [ásfalt] | asfalto |
| brick | [bric] | ladrillo |
| cardboard | [cárdbord] | cartón |
| cement | [cemént] | cemento |
| cloth | [clad] | tela |
| floor tile | [flor táil] | baldosa |
| metal | [métel] | metal |
| plastic | [plástic] | plástico |
| rubber | [ráber] | goma |
| stone | [ston] | piedra |
| wire | [uáier] | alambre |
| wood | [úod] | madera |

## ¡VAMOS A REPASAR!

**1.** ¿Cuánto inglés sabes? ¿Entiendes estas frases?

*The brown sofa and table are in my brother's living room.*
*His new hammer and saw are in the carpenter's garage.*
*Your friend's big refrigerator and stove are in his kitchen.*
*Where are the nails and screws?*
*How many bricks are in that wall?*
*Which TV is in the bedroom?*
*Move the tools and materials!*
*Carry the hose and shovel!*
*Pick up the keys and locks!*
*I lost the metal ladder!*
*I forgot the scissors and cloth.*
*I broke the floor tile in the kitchen.*

> ☞ **¡Aviso!**
> *Trata estas frases maravillosas:*
> **I lost it.** *[ái lást et] Se me perdió.*
> **I forgot it.** *[ái forgát et] Se me olvidó.*
> **I broke it.** *[ái bróuk et] Se me rompió.*

**2.** Dibuja:

**brick**          **saw**          **pan**


**nail**          **stairs**          **wall**


**3.** Completa la siguiente lista de muebles para cada habitación:

| **Bedroom** | **Living room** | **Kitchen** | **Bathroom** |
|---|---|---|---|
| bed | sofa | stove | toilet |

# *Life in the Big City* [láif in de big cíti] (La vida en la ciudad grande)

En la ciudad el inglés se escucha y se ve por dondequiera, así que dejemos la comodidad de la casa y caminemos o manejemos por los alrededores señalando y nombrando las cosas que vemos. Si alguien te ve hablando solo, no te detengas…. ¡Será muy difícil explicar lo que estás haciendo!

## Buildings [bíldins] (Los edificios)

| | | |
|---|---|---|
| *bank* | [benc] | banco |
| *church* | [cherch] | iglesia |
| *coffee shop* | [cáfi chop] | café |
| *college* | [cálech] | colegio |
| *factory* | [fáctori] | fábrica |
| *fire department* | [fáier dipártment] | departamento de bomberos |
| *gas station* | [gas stéichon] | gasolinera |
| *hospital* | [jáspitel] | hospital |
| *library* | [láibreri] | biblioteca |
| *movies* | [múvis] | cine |
| *museum* | [miusíum] | museo |
| *office* | [áfis] | oficina |
| *pharmacy* | [fármaci] | farmacia |
| *police station* | [polís stéichon] | estación de policía |
| *post office* | [post áfis] | oficina de correos |
| *restaurant* | [réstorant] | restaurante |
| *school* | [scul] | escuela |
| *shopping center* | [chópin sénter] | centro comercial |

| store | [stor] | tienda |
| supermarket | [súpermarquet] | supermercado |
| warehouse | [uérhaus] | almacén |
| shop | [chop] | taller |
| zoo | [súu] | zoológico |

### 21.  ¡APUESTO QUE SÍ PUEDES!

*Conéctalas:*   *Ahora conecta inglés con inglés:*

| **bank** | fábrica | **dishes** | **pot** |
| **church** | cine | **garden** | **school** |
| **factory** | biblioteca | **cement** | **silverware** |
| **cinema** | banco | **nail** | **yard** |
| **library** | tienda | **house** | **home** |
| **store** | iglesia | **pan** | **brick** |
| | | **college** | **hammer** |

*(Las respuestas están en la página 181.)*

## *Other Special Places* [áder spéchal pléices] (Otros lugares especiales)

| airport | [érport] | aeropuerto |
| bridge | [bridch] | puente |
| city block | [citi blac] | cuadra |
| community | [camiúniti] | comunidad |
| corner | [córner] | esquina |
| downtown | [dauntáun] | centro |
| elevator | [éleveitor] | elevador |
| floor | [flor] | piso |
| freeway | [fríuey] | autopista |
| highway | [jáiuey] | carretera |
| neighborhood | [néiborjud] | barrio |
| outskirts | [áutsquerts] | afueras |
| park | [parc] | parque |
| road | [róud] | camino |
| sidewalk | [sáiduak] | acera |
| street | [strit] | calle |
| subway | [sábuey] | metro |
| town | [táun] | pueblo |
| stop sign | [estóp sain] | señal de parada |
| traffic light | [tráfic lait] | semáforo |
| intersection | [intersécchon] | intersección |

**¡ESCÓGELAS Y ÚSALAS!**

- *Excuse me. Where is the…?* Disculpe. ¿Dónde está… (el museo, el banco, el aeropuerto)?
- *The…and…are new.* (La iglesia, El cine)…y…(la fábrica, la calle) son nuevos.
- *Mrs. Robertson is at….* Sra. Robertson está en…(la esquina, la biblioteca, la farmacia).

## How Are You Getting There?
[ jáo ar iú guétin der] (¿Cómo llegas allí?)

Para viajar, necesitas:

## Transportation [transportéichon]
(El transporte)

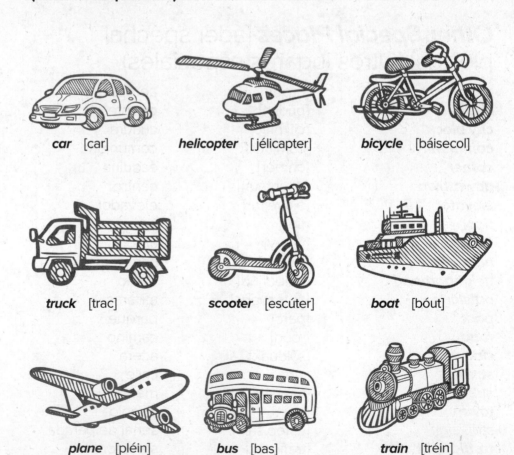

**car** [car]     **helicopter** [ jélicapter]     **bicycle** [báisecol]

**truck** [trac]     **scooter** [escúter]     **boat** [bóut]

**plane** [pléin]     **bus** [bas]     **train** [tréin]

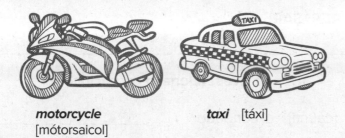

**motorcycle**
[mótorsaicol]

**taxi**  [táxi]

## ¡ESCÓGELAS Y ÚSALAS!

- **Which is your favorite,…or…?**  ¿Cuál es tu favorito,
  (el autobús, el barco)…o…(el taxi, el avión)?

- **The…are in the street.**  Los…(carros, camiones) están en
  la calle.

- **Lupe and Felipe are on the….**  Lupe y Felipe están en…
  (la bicicleta, el tren).

# Más *City Life*

| | | |
|---|---|---|
| **bar** | [bar] | cantina |
| **car lot** | [car lat] | lote de carros |
| **cemetery** | [sémeteri] | cementerio |
| **parking lot** | [párquin lat] | estacionamiento |
| **pool** | [pul] | piscina |
| **skyscraper** | [skáiscreiper] | rascacielos |

**¡Aviso!**
Usa estas expresiones:
**at home, at church, at school, at work.**

Aquí tenemos otra información útil para el viajero:

| **Directions** | [dairécchons] | (Las direcciones) |
|---|---|---|
| **N north** | [nordt] | norte |
| **S south** | [sáudt] | sur |
| **E east** | [ist] | este |
| **W west** | [uést] | oeste |

**¡VAMOS A REPASAR!**

---

**¿Dónde vives? (Llena los espacios)**

**County**  [cáunti]  el condado  _____

**State**  [stéit]  el estado  _____

**Country**  [cántri]  el país  _____

---

Practica esta conversación, usando el inglés que ya has aprendido:

**Excuse me, where's the post office?**　　　**It's north on Main Street, and east on Second Street.**

**Is this the bus to Main Street?**　　　**Yes, it is.**

Ahora, lee en voz alta con otra persona:

**Where's the policeman?**　　　**He's at the police station.**

**Where's the nurse?**　　　**She's at the hospital.**

**Where's the taxi?**　　　**It's at the corner.**

---

## 22.  ¡APUESTO QUE SÍ PUEDES!

*Estudia y escribe:*

**Where are the students?**　**They're at the school.**

**Where are the planes?**　**They're at the _____**

**Where are the waiters?**　**They're at the _____**

**Where are the mechanics?**　**They're _____**

**Where are the animals?**　**_____**

*(Las respuestas están en la página 181.)*

# Nations and Nationalities
## [néchons and nachonáletis]
## (Naciones y nacionalidades)

Conocer algunos nombres de naciones y nacionalidades en inglés es muy importante porque Estados Unidos es un país que contiene una gran mezcla de gentes de diferentes países. Fíjate bien que en inglés las nacionalidades requieren la mayúscula al escribirlas:

# International English

| Nation | Nationality |
|--------|-------------|
| **Canada** [cánada] Canadá | **Canadian** [canéidien] candadiense |
| **China** [cháina] China | **Chinese** [chainís] chino |
| **England** [ínglend] Inglaterra | **English** [ínglech] inglés |
| **France** [frans] Francia | **French** [french] francés |
| **Germany** [chérmeni] Alemania | **German** [chérman] alemán |
| **Ireland** [áirland] Irlanda | **Irish** [áirich] irlandés |
| **Italy** [ítali] Italia | **Italian** [itályan] italiano |
| **Japan** [chapán] Japón | **Japanese** [chapanís] japonés |
| **Portugal** [pórchugal] Portugal | **Portuguese** [porchuguís] portugués |
| **Russia** [rácha] Rusia | **Russian** [ráchan] ruso |
| **Spain** [spéin] España | **Spanish** [spánich] español |
| **United States** [iunáited stéits] Estados Unidos | **American** [american] norteamericano |
| **Vietnam** [vietnám] Vietnam | **Vietnamese** [vietnamís] vietnamés |
| | |
| **Middle East** [mídel ist] Oriente Medio | **Middle Eastern** [mídel ístern] del Oriente Medio |
| **Europe** [iúrap] Europa | **European** [iurapían] europeo |
| **Africa** [áfrica] África | **African** [áfrican] africano |

## Where Are You From?
## (¿De dónde eres tú?)

Anota las diferencias de pronunciación. Aquí tiene algunos ejemplos:

| | | | |
|---|---|---|---|
| **Argentina** | [archentina] | **Argentinean** | [archentínian] |
| **Central America** | [céntral américa] | **Central American** | [central américan] |
| **Cuba** | [quiúba] | **Cuban** | [quiúban] |
| **Guatemala** | [guatemala] | **Guatemalan** | [guatemalan] |
| **Mexico** | [mécsico] | **Mexican** | [mécsican] |
| **Perú** | [perú] | **Peruvian** | [perúvian] |
| **Puerto Rico** | [puérto rico] | **Puerto Rican** | [puérto rícan] |
| **South America** | [sáudt américa] | **South American** | [sáudt américan] |

### ¡ESCÓGELAS Y ÚSALAS!

- **There are beautiful cities in....**  Hay bellas ciudades en …(Francia, Europa, Inglaterra).

- **Do you speak…?**  ¿Hablas…(español, inglés, italiano)?

- **They're from….**  Son de…(Canadá, Rusia, Alemania).

- **Is she…?**  ¿Es ella…(puertorriqueña, americana)?

- **The food is….**  La comida es…(cubana, china).

### 23.  ¡APUESTO QUE SÍ PUEDES!

¡Conéctalas! (¿Cómo está tu pronunciación?):

| | |
|---|---|
| **Spanish** | **Italy** |
| **European** | **Japan** |
| **English** | **Germany** |
| **Japanese** | **France** |
| **Irish** | **England** |
| **German** | **Europe** |
| **French** | **Ireland** |
| **Italian** | **Spain** |

*(Las respuestas están en la página 181.)*

# *Back to Nature* [bac tu néichur] (Regresemos a la naturaleza)

¡Salgamos de la ciudad por un momento! Pero antes de comenzar el viaje, por qué no trabajar con estas maravillas que se encuentran al alcance de nuestras manos en el jardín de la casa. Y así como hemos hecho con todas nuestras nuevas palabras y objetos, sigamos usando la técnica de "tocar y hablar" al mismo tiempo:

| | | |
|---|---|---|
| **branch** | [branch] | rama |
| **bush** | [buch] | arbusto |
| **dirt** | [dert] | tierra |
| **dust** | [dast] | polvo |
| **flower** | [fláuer] | flor |
| **grass** | [gras] | hierba |
| **leaf** | [lif] | hoja |
| **mud** | [mad] | lodo |
| **plant** | [plant] | planta |
| **rock** | [rac] | piedra |
| **root** | [rut] | raíz |
| **sand** | [sand] | arena |
| **seed** | [sid] | semilla |
| **stick** | [stic] | palo |
| **tree** | [tri] | árbol |
| **twig** | [tuic] | palito |
| **weed** | [uíd] | hierba mala |

## *Bugs!* [bags] (¡Insectos!)

¡Con estos vocablos solo tendrás que senalar!

| | | |
|---|---|---|
| **ant** | [ant] | hormiga |
| **bee** | [bi] | abeja |
| **beetle** | [bítol] | escarabajo |
| **fly** | [flái] | mosca |
| **spider** | [spáider] | araña |
| **snail** | [snéil] | caracol |
| **mosquito** | [mosquíto] | zancudo |

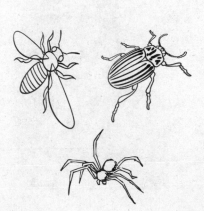

# *Animals* [ánimals]
# (Los animales)

| | | |
|---|---|---|
| **bird** | [berd] | pájaro |
| **cat** | [cat] | gato |
| **chicken** | [chíquen] | pollo |
| **cow** | [cáo] | vaca |
| **dog** | [dag] | perro |
| **duck** | [dac] | pato |
| **fish** | [fich] | pez |
| **goat** | [góut] | chivo |
| **horse** | [jors] | caballo |
| **mouse** | [máos] | ratón |
| **pig** | [pig] | puerco |
| **sheep** | [chip] | oveja |
| **turtle** | [tertl] | tortuga |

Estos *animals* no son tan **domestic** son wild [uáild] salvajes!

| | | |
|---|---|---|
| **bear** | [ber] | oso |
| **camel** | [cámel] | camello |
| **deer** | [díer] | venado |
| **elephant** | [élefant] | elefante |
| **giraffe** | [chiráf] | jirafa |
| **hippopotamus** | [jipopátamos] | hipopótamo |
| **lion** | [láion] | león |
| **monkey** | [mónqui] | mono |
| **rhinoceros** | [rainóceres] | rinoceronte |
| **snake** | [snéic] | víbora |
| **tiger** | [táiguer] | tigre |
| **wolf** | [uólf] | lobo |
| **zebra** | [síbra] | cebra |

*¿Estás tocando a los animals?*

## ¡ESCÓGELAS Y ÚSALAS!

- **Move the…!**   ¡Mueve…(el caballo, el árbol, la oveja)!
- **There are…in the garden.**   Hay…(flores, pájaros, arbustos, moscas) en el jardín.
- **The…is big and strong.**   (El oso, La vaca, El hipopótamo)…es grande y fuerte.
- **How many…are at the zoo?**   ¿Cuántos…(tigres, camellos) hay en el jardín zoológico?
- **The…are brown.**   (Las ramas, Los leones, Las arañas)…son pardos.
- **The…is my favorite.**   (El mono, El perro)…es mi favorito.
- **The…is dangerous.**   (El tigre, El rinoceronte)…es peligroso.

### 24.  ¡APUESTO QUE SÍ PUEDES!

*Traduce las siguientes frases:*

**Those goats are very ugly.**

**That camel is big and brown.**

**Where are the little dogs and cats?**

**There are many bugs in the flowers.**

**How many flies are in the kitchen?**

**The fat pigs are in the mud.**

**My new horse is in the yard.**

**The two white ducks are in the water.**

**The cows and sheep are in the tall grass.**

**The black ants are on the branches in the tree.**

*(Las respuestas están en la página 181.)*

---

### ☞ ¡Avisos!

- *En inglés, se usa la palabra* **pet** *para referirse a cualquier animal que se "adopta" en el hogar.*
- *Algunas de estas palabras no llevan la* **s** *y otras cambian cuando se refieren a "muchos":*

  1 sheep, **2 sheep**
  1 mouse, **2 mice**
  1 deer, **2 deer**

- *Hay otras palabras que usamos para nombrar las plantas y los animales en inglés. Escucha y aprende muchas maneras para decir lo mismo.*
- *La granja es "farm" [farm] en inglés.*

Ahora llevemos nuestras palabras al campo:

## The Countryside
[de cántrisaid]   (El campo)

| | | |
|---|---|---|
| **beach** | [bich] | playa |
| **coast** | [cóust] | costa |
| **desert** | [désert] | desierto |
| **forest** | [fórest] | bosque |
| **hill** | [ jil] | cerro |
| **jungle** | [yánguel] | selva |
| **lake** | [léik] | lago |
| **mountain** | [máonten] | montaña |
| **ocean** | [óchen] | océano |
| **river** | [ríver] | río |
| **sea** | [si] | mar |
| **valley** | [váli] | valle |

---

**25. ¡APUESTO QUE SÍ PUEDES!**

*¡Hablemos de la naturaleza! Pon las frases en orden y escríbelas:*

**in the jungle.     elephants and monkeys     There are**

**snakes and camels     There are     in the desert.**

**There are     in the lake.     ducks and fish**

**on the farm.     pigs and chickens     There are**

**dogs, cats, and birds     There are     in the house!**

*(Las respuestas están en la página 182.)*

## ¡Atención!

¿Estás leyendo en voz alta? Repasa las palabras primero, y recuerda que las guías de pronunciación no son exactas.

# I'm Hungry! [áim jángri] (¡Tengo hambre!)

Algunos nombres de la **food** [fud] (comida) pueden cambiar de región en región, pero no te pongas nervioso. En vez de eso, goza de la variedad y "come" más inglés. Además, las palabras que siguen pueden ser usadas en cualquier parte con seguridad:

| | | |
|---|---|---|
| **beef** | [bif] | carne de res |
| **chicken** | [chíquen] | pollo |
| **crab** | [crab] | cangrejo |
| **fish** | [fich] | pescado |
| **ham** | [jam] | jamón |
| **hamburger** | [jámberguer] | hamburguesa |
| **hot dog** | [ját dag] | perro caliente |
| **lobster** | [lábster] | langosta |
| **meat** | [mit] | carne |
| **pork** | [porc] | cerdo |
| **sausage** | [sásech] | salchicha |
| **shrimp** | [srimp] | camarón |
| **steak** | [stéic] | bistec |
| **turkey** | [térqui] | pavo |

# *Enjoy!* [enyói] (¡Buen provecho!)

| | | |
|---|---|---|
| **bread** | [bred] | pan |
| **butter** | [báter] | mantequilla |
| **cake** | [quéic] | torta |
| **candy** | [cándi] | dulce |
| **cereal** | [círial] | cereal |
| **cheese** | [chis] | queso |
| **cookie** | [cúqui] | galleta |
| **egg** | [eg] | huevo |
| **gum** | [gam] | goma de mascar o chicle |
| **ice cream** | [áis crim] | helado |
| **nut** | [nat] | nuez |
| **pie** | [pái] | pastel |
| **popcorn** | [pápcorn] | palomitas |
| **rice** | [ráis] | arroz |
| **salad** | [sálad] | ensalada |
| **soup** | [sup] | sopa |
| **yogurt** | [ióguert] | yogur |

Acuerda que no encontrarás todas tus comidas favoritas en estas listas:

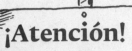

## ¡Atención!

Hay tres comidas tradicionales en Norteamérica. Generalmente, se comen en la mañana, al mediodía y en la noche. Conjuntamente, se llaman las *meals* [mils]:

- *Breakfast* [brékfast] el desayuno
- *Lunch* [lanch] el almuerzo
- *Dinner* [díner] la cena

# *Fruit* [frut] (La fruta)

| | | |
|---|---|---|
| **apple** | [ápel] | manzana |
| **banana** | [banána] | plátano |
| **cherry** | [chérri] | cereza |
| **grape** | [gréip] | uva |
| **grapefruit** | [gréipfrut] | toronja |
| **lemon** | [lémon] | limón |
| **orange** | [óranch] | naranja |
| **pear** | [per] | pera |
| **pineapple** | [páinapel] | piña |
| **strawberry** | [stráberri] | fresa |
| **watermelon** | [uátermelon] | sandía |

# *Vegetables* [véchtebols] (Los vegetales)

| | | |
|---|---|---|
| **beans** | [bins] | frijoles |
| **cabbage** | [cábach] | repollo o col |
| **carrot** | [quérot] | zanahoria |
| **celery** | [céleri] | apio |
| **corn** | [corn] | maíz |
| **cucumber** | [quiúcamber] | pepino |
| **lettuce** | [létas] | lechuga |
| **onion** | [áñon] | cebolla |
| **pea** | [pii] | arvejita |
| **potato** | [potéito] | papa |
| **squash** | [scuách] | calabaza |
| **tomato** | [toméito] | tomate |

## 26. ¡APUESTO QUE SÍ PUEDES!

*¿Cuál es la mejor respuesta?*

1. ¿Qué hay para la cena?    **A. Cereal, eggs, yogurt, and fruit.**

2. ¿Qué hay para el desayuno?    **B. Hamburgers, hot dogs, soup, and salad.**

3. ¿Qué hay para el almuerzo?    **C. Steak and lobster, rice, and vegetables.**

*(Las respuestas están en la página 182.)*

## ¡VAMOS A REPASAR!

En inglés…
¿Cuáles son tres nacionalidades? _____

¿Cuáles son tres animales domésticos? _____

¿Cuáles son tres cosas que encuentras en el campo? _____

Ahora, contesta en voz alta:

***What's your favorite meal?*** _____

***What's your favorite food?*** _____

Dibuja:

| | | |
|---|---|---|
| ***pear*** | ***orange*** | ***fish*** |
| ***banana*** | ***hamburger*** | ***egg*** |

## ¡ESCÓGELAS Y ÚSALAS!

- ***There are… in the salad.***  Hay…(zanahorias, cebollas) en la ensalada.
- ***The… is very good.***  (La ensalada, La carne)…es muy sabrosa.
- ***The… and the… are good.***  (El pescado)…y (el pavo) …son buenos.

# *In the Kitchen*
# [in de quíchen]   (En la cocina)

| | | |
|---|---|---|
| Bring me the | [brin mi de] | Tráeme . . . el/la |
| Wash the | [wach de] | Lava . . . el/la |

| | | |
|---|---|---|
| ***apron*** | [éipron] | delantal |
| ***bowl*** | [bóul] | plato hondo |
| ***can opener*** | [can ópener] | abrelatas |
| ***coffee pot*** | [cáfi pat] | cafetera |
| ***cup*** | [cap] | taza |
| ***fork*** | [fork] | tenedor |
| ***glass*** | [glas] | vaso |
| ***knife*** | [náif] | cuchillo |
| ***napkin*** | [nápquin] | servilleta |
| ***plate*** | [pléit] | plato |
| ***pitcher*** | [pícher] | cántaro |
| ***recipe*** | [récepi] | receta |
| ***tablecloth*** | [téibolcladt] | mantel |
| ***spoon*** | [spun] | cuchara |
| ***vase*** | [véis] | florero |

### 27. ¡APUESTO QUE SÍ PUEDES!

*Lee y traduce lo siguiente. Después, si quieres, vuelve a leerlo, cambiando las comidas:*

| | |
|---|---|
| **The forks and spoons are on the table.** | **But where are the white napkins?** |
| **They're in the kitchen.** | **What's that?** |
| **It's a can of corn.** | **Where's the head of lettuce?** |
| **In the refrigerator.** | **When's dinner? I'm hungry!** |
| **At six.** | **That's good!** |

*¡Conéctalas!*

| | |
|---|---|
| **bottle** | taza |
| **bowl** | mantel |
| **cup** | plato hondo |
| **bag** | florero |
| **tablecloth** | botella |
| **vase** | bolsa |

*(Las respuestas están en la página 182.)*

---

## ¡Aviso!

*Mira como se dicen en inglés ciertas unidades. Algunas parecen muy extrañas:*

**an ear** *[iir]* **of corn**
*un maíz*

**a loaf** *[lóuf]* **of bread** *un pan*

**a dozen** *[dásen]* **eggs** *una docena de huevos*

**a head** *[jed]* **of lettuce** *una lechuga*

**a box of** *[bacs]* *una caja de*

**a bottle of** *[bátel]* *una botella de*

**a can of** *[can]* *una lata de*

**a bag of** *[bag]* *una bolsa de*

**a jar of** *[char]* *una jarra de*

---

## I'm Thirsty!   [áim zérsti] (¡Tengo sed!)

| | | |
|---|---|---|
| **beer** | [bíer] | cerveza |
| **cocktail** | [cákteil] | coctel |
| **coffee** | [cáfi] | café |
| **juice** | [chus] | jugo |
| **lemonade** | [lemonéid] | limonada |
| **milk** | [milk] | leche |
| **milkshake** | [mílkcheic] | batido |
| **soft drink** | [saf drinc] | soda |
| **tea** | [ti] | té |
| **wine** | [uáin] | vino |

# *What Flavor?*   [uát fléivor]   (¿Qué sabor?)

| It's… | *sweet.* | [suít] | dulce. |
|---|---|---|---|
| Es… | *sour.* | [sáuer] | agrio. |
| | *bitter.* | [bíter] | amargo. |
| | *dry.* | [drái] | seco. |
| | *salty.* | [sálti] | salado. |

# *Special Ingredients*   [spéchal ingrídients]
# (Ingredientes especiales)

| *broth* | [brad] | caldo |
|---|---|---|
| *catsup* | [quétchap] | salsa de tomate |
| *cream* | [crim] | crema |
| *flour* | [fláur] | harina |
| *garlic* | [gárlic] | ajo |
| *honey* | [jáni] | miel |
| *mayonnaise* | [méioneis] | mayonesa |
| *mustard* | [másterd] | mostaza |
| *oil* | [óil] | aceite |
| *pepper* | [péper] | pimienta |
| *salt* | [salt] | sal |
| *sauce* | [sas] | salsa |
| *spice* | [spáis] | especia |
| *sugar* | [chúgar] | azúcar |

## ¡ESCÓGELAS Y ÚSALAS!

- **The cream is….**   La crema es…(amarga, dulce).
- **The sauce is very….**   La salsa es muy…(salada, seca).
- **There's no…here.**   No hay…(cerveza, vino) aquí.
- **Pick up the….**   Recoge…(la sal, el azúcar).

---

### 28. ¡APUESTO QUE SÍ PUEDES!

*Conecta las palabras que corresponden:*

| | |
|---|---|
| **knife** | **wine** |
| **beer** | **sugar** |
| **sour** | **fork** |
| **cream** | **coffee** |
| **tea** | **sweet** |

*(Las respuestas están en la página 182.)*

---

## *Let's Eat Out!*   [lets it áot]
## (¡Vamos a comer afuera!)

**I'd like…** [áid láik]   Yo quisiera…
   **something to eat**   [sámdin tu it]   algo de comer
   **something to drink**   [sámdin tu drínc]   algo de beber
   **today's special**   [tudéis spéchel]   el plato del día
   **a menu**   [a méniu]   el menú
   **the check**   [de chec]   la cuenta
   **more water**   [mor uáter]   más agua
   **dessert**   [disért]   el postre

                                  **…please.**   [plis]   por favor.

| **Is it…** | **raw?** | [ro] | crudo? |
|---|---|---|---|
| ¿Está… | **cooked?** | [cukt] | cocido? |
| ¿Es… | **fried?** | [fráid] | frito? |
| | **fresh?** | [frech] | fresco? |
| | **ripe?** | [ráip] | maduro? |
| | **rotten?** | [ráten] | podrido? |
| | **natural?** | [náchural] | natural? |
| | **organic?** | [orgánic] | orgánico? |
| | **recyclable?** | [risáiclabol] | reciclable? |
| | **vegan?** | [vegan] | vegeteriano? |

*Más frases para el* **restaurant**:

| | | |
|---|---|---|
| **For here.** | [for jíer] | Para comer aquí. |
| **To go.** | [tu go] | Para llevar. |
| **I'm ready to order.** | [áim rédi tu órder] | Estoy listo a ordenar. |
| **I'm on a diet.** | [áim on a dáiet] | Estoy a dieta. |
| **Waitress!** | [uéitres] | ¡Mesera! |
| **Waiter!** | [uéiter] | ¡Mesero! |
| **Tell the cook.** | [tel de cuk] | Dile al cocinero. |
| **It's delicious!** | [ets dilíchas] | ¡Está delicioso! |
| **It's too cold!** | [ets tu cold] | ¡Está muy frío! |
| **Do you deliver?** | [du iú diliver] | ¿Se puede entregar? |

**¡Avisos!**

- *Observa a la gente americana cuando ordena su comida en los restaurantes. Aprende las frases más comunes que ellos usan.*
- *A* **tip** *[tip] (propina) casi siempre es el 15 por ciento de la cuenta.*

**¡VAMOS A REPASAR!**

Conversa:

| | |
|---|---|
| **Waitress! I'm ready to order.** | **Yes, sir.** |
| **I'd like today's special.** | **O.K.** |
| **Is it fresh?** | **Yes, sir.** |
| **And I'd like more water, please.** | **O.K.** |

Usa la "entrevista" en la página 45 para llenar el siguiente formulario. Pregúntale a tus amigos qué bebidas les gustan. **Do you like…?** significa ¿Te gusta…? Por ejemplo, **Lupe, do you like coffee?** (Lupe, ¿te gusta el café?) **Yes.** (Sí.)

| Names | coffee | beer | milk | lemonade |
|---|---|---|---|---|
| **Lupe** | yes | no | yes | no |
| **Antonio** | | | | |

# *What Are You Wearing?*
# [uát ar iú uérin]
# (¿Qué estás usando?)

¡Vístete en inglés! La próxima vez que te estés poniendo algo, ¡nómbralo en inglés!

| | | |
|---|---|---|
| *bathrobe* | [bádtroub] | bata de baño |
| *belt* | [belt] | cinturón |
| *blouse* | [bláos] | blusa |
| *boots* | [buts] | botas |
| *cap* | [cap] | gorra |
| *gloves* | [glavs] | guantes |
| *jacket* | [cháquet] | chaqueta |
| *jeans* | [chins] | bluyín |
| *overcoat* | [óvercout] | abrigo |
| *pants* | [pants] | pantalones |
| *raincoat* | [réincout] | impermeable |
| *scarf* | [scarf] | bufanda |
| *shirt* | [chirt] | camisa |
| *shorts* | [chorts] | calzoncillos |
| *skirt* | [squert] | falda |
| *socks* | [sacs] | calcetines |
| *stockings* | [stáquins] | medias |
| *tie* | [tái] | corbata |
| *T-shirt* | [ti-chirt] | camiseta |
| *vest* | [vest] | chaleco |

## *More Clothing!* [Mor clódin]  (¡Más ropa!)

| | | |
|---|---|---|
| *bathing suit* | [béidin sut] | traje de baño |
| *dress* | [dres] | vestido |
| *hat* | [ jat] | sombrero |
| *pajamas* | [payámas] | piyama |
| *slippers* | [slípers] | zapatillas |
| *shoes* | [chus] | zapatos |
| *sports coat* | [spórts cóut] | saco |
| *suit* | [sut] | traje |
| *sweater* | [suéter] | suéter |
| *sweatsuit* | [suétsut] | sudadera |
| *underwear* | [ánderuer] | ropa interior |

## ¡ESCÓGELAS Y ÚSALAS!

- ***Where is Susan's…?***  ¿Dónde está…(la blusa, el traje) de Susana?

- ***What color is your…?***  ¿De qué color es tu…(falda, suéter)?

- ***Please pick up my….***  Por favor recoge mis…(medias, corbatas).

- ***How much is the…?***  ¿Cuánto cuesta…(el vestido, la bufanda)?

- ***The…are very old.***  (Los zapatos, Los guantes)…son muy viejos.

### 29. ¡APUESTO QUE SÍ PUEDES!

*¡Conéctalas!*

| | |
|---|---|
| **dress** | zapatos |
| **boots** | corbata |
| **cap** | guantes |
| **shirt** | botas |
| **tie** | gorra |
| **blouse** | camisa |
| **skirt** | blusa |
| **gloves** | falda |
| **shoes** | vestido |

*(Las respuestas están en la página 182.)*

# Wash Your Clothes! [uách ior clóds]
# (¡Lava tu ropa!)

**Where's the…?**

| | | |
|---|---|---|
| **laundromat** | [lándromat] | lavandería |
| **dirty laundry** | [dérti lándri] | ropa sucia |
| **detergent** | [ditéryent] | detergente |
| **bleach** | [blich] | blanqueador |
| **hanger** | [jénguer] | gancho |
| **stain** | [stéin] | mancha |
| **washer** | [uácher] | lavadora |
| **dryer** | [dráier] | secadora |

### 30. ¡APUESTO QUE SÍ PUEDES!

*Como siempre, traduce y lee en voz alta:*

**Mary's new red blouse is in the washer.**
**These black and white shoes are very pretty.**
**There's a big stain on his jacket.**
**My favorite dress is at the laundromat.**
**Whose brown belt is this?**
**How much are the shorts and the pants?**
**Please move your boots. They are on the kitchen table!**

*(Las respuestas están en la página 182.)*

## My Jewelry [mái chúlri] (Mis joyas)

| | | | | | |
|---|---|---|---|---|---|
| **bracelet** | [bréislet] | brazalete | **necklace** | [néclas] | collar |
| **brooch** | [broch] | broche | **pearls** | [perls] | perlas |
| **chain** | [chéin] | cadena | **ring** | [ring] | anillo |
| **diamonds** | [dáimonds] | diamantes | **silver** | [sílver] | plata |
| **earrings** | [íerins] | aretes | **watch** | [uátch] | reloj de |
| **gold** | [gold] | oro | | | pulsera |
| **jewels** | [chuls] | joyas | | | |

## More Items! [mor áitems] (Más cosas)

| | | | | | |
|---|---|---|---|---|---|
| **backpack** | [bácpac] | mochila | **makeup** | [méicap] | maquillaje |
| **briefcase** | [brífqueis] | maletín | **perfume** | [pérfium] | perfume |
| **brush** | [brach] | cepillo | **purse** | [pers] | cartera |
| **cane** | [quéin] | bastón | **suitcase** | [sútqueis] | maleta |
| **comb** | [cóum] | peine | **umbrella** | [ambréla] | paraguas |
| **glasses** | [gláses] | lentes | **wallet** | [uálet] | billetera |
| **sunglasses** | [sánglases] | lentes del sol | | | |

### 31. ¡APUESTO QUE SÍ PUEDES!

*Conéctalas:*

| | |
|---|---|
| oro | **ring** |
| perlas | **cane** |
| bastón | **silver** |
| anillo | **pearls** |
| maleta | **comb** |
| plata | **gold** |
| peine | **suitcase** |

*(Las respuestas están en la página 182.)*

# Let's Go Shopping!
# [lets go chápin]
# (¡Vamos de compras!)

- **cash**        [cach]           contado
- **check**       [chec]           cheque
- **credit card**  [crédit card]    tarjeta de crédito

| | | |
|---|---|---|
| **ATM** | [eitiém] | cajero automático |
| **bargain** | [bárguen] | ganga |
| **bill** | [bil] | billete o cuenta |
| **change** | [chench] | cambio |
| **coupon** | [cúpon] | cupón |
| **discount** | [díscaunt] | descuento |
| **down payment** | [dáun péiment] | enganche |
| **invoice** | [ińvois] | factura |
| **offer** | [áfer] | oferta |
| **payment** | [péiment] | pago |
| **price** | [práis] | precio |
| **receipt** | [ricít] | recibo |
| **sale** | [séil] | venta |
| **special** | [espéchal] | especial |
| **tax** | [tacs] | impuesto |

## What's Your Size? [uáts iór sáis]
## (¿Cuál es tu talla?)

*I'm a* (áim a)....    **small**        [smal]         chico
Soy un....            **medium**       [mídiam]       mediano
                     **large**        [larch]        grande
                     **extra large**  [éxtra larch]  extra

## In the Store [in de stor] (En la tienda)

*Is that all?*    [es dat al]    ¿Es todo?
*I like it!*    [ai láik et]    ¡Me gusta!
*What brand is it?*    [uát brand es et]    ¿Qué marca es?

***It doesn't fit.***   [et dásent fit]   No me queda.
***I'll take this.***   [áil téik des]   Me quedo con esto.

***How much does it weigh?***   [ jáo mách das et uéi]   ¿Cuánto pesa?
***How much is it?***   [ jáo mách es et]   ¿Cuánto cuesta?
***I want to try it on.***   [ái uánt tu trái et an]   Quiero probármelo.
***I want to charge it to my account.***   [ái uánt tu charch et tu
    mái acáunt]   Quiero cargarlo a mi cuenta.
***Can I help you?***   [can ai jelp iú]   ¿En qué puedo servirle?
***Something else?***   [sámzin els]   ¿Algo más?
***What percent?***   [uát per cent]   ¿Cuánto por ciento?
***It's free.***   [ets fri]   Es gratis.
***It's too expensive.***   [ets tu ecspénsiv]   Es demasiado caro.
***It's very cheap.***   [ets véri chip]   Es muy barato.
***I need a clerk.***   [ai nid a clerc]   Necesito un dependiente.
***Where's the cashier?***   [uérs de cachíer]   ¿Dónde está el cajero?
***Which department?***   [uích dipártment]   ¿Cuál departamento?
***Which aisle?***   [uích áiel]   ¿Cuál fila?

---

## 32. ¡APUESTO QUE SÍ PUEDES!

*En voz alta, traduce y lee esta conversación con un amigo.
Y no te preocupes si tu pronunciación no es perfecta; la
gente americana igual te entenderá:*

| | |
|---|---|
| **Can I help you?** | **Yes, please. That silver necklace is pretty. I want to try it on.** |
| **O.K. No problem.** | **I like it! How much is it?** |
| **Two hundred dollars.** | **Fantastic! I'll take this.** |
| **O.K. Something else?** | **Yes, and this perfume.** |

*Ahora, cambia las palabras con otras. ¡Y diviértete!*

*Traduce:*

**Those boots and shoes are very expensive.**
**In which department are the jackets and sweaters?**
**I'll take this blouse, but this skirt doesn't fit.**

(*Las respuestas están en la página 182.*)

# *Get into the Act!*
## [guet íntu de áct] (¡Participa en la actuación!)

La mejor manera de aprender un nuevo idioma es participando y actuando. Por eso es que los mejores programas de aprendizaje usan los mandatos como método de enseñanza:

<table>
<tr><td>***Sing*** *the song*<br>***and***<br>***dance*** *the dance!*</td><td>**¡Canta** la canción<br>**y**<br>**baila** el baile!</td></tr>
</table>

Para que los mandatos funcionen, necesitas tener dos participantes: uno que hable y otro que escuche. Para practicar con tus amigos y miembros de tu familia, tomen turnos dando y ejecutando órdenes o mandatos. Selecciona objetos comunes y usa los mandatos que siguen:

## ¡Actúalos!

| | | |
|---|---|---|
| ***Bring*** | [brin] | Trae |
| ***Carry*** | [quéri] | Lleva |
| ***Lower*** | [lóuer] | Baja |
| ***Move*** | [muv] | Mueve |
| ***Point to*** | [póin tu] | Señala |
| ***Raise*** | [réis] | Levanta |
| ***Touch*** | [tach] | Toca |
| ***Turn off*** | [turn áf] | Apaga |
| ***Turn on*** | [turn án] | Prende |
| ***Watch*** | [uátch] | Mira |

***…the television.*** [de televíchen]
…la televisión.
***…this.*** [des]…esto.
***…that.*** [dat]…eso.

## More Commands [mor camánds]
## (Más mandatos)

| | | |
|---|---|---|
| ***Ask for*** | [asc for] | Pide |
| ***Buy*** | [bái] | Compra |
| ***Call*** | [cal] | Llama |

**¡Aviso!**

- *Muchos mandatos son expresiones en inglés. Aquí tienes unas de mis favoritas:*
  **Shut up!** *[chat ap]*
    *¡Cállate!*
  **Come here!** *[cam jir]*
    *¡Ven acá!*
  **Get out!** *[guet áut]*
    *¡Véte!*
  **Hurry up!** *[jérry áp]*
    *¡Apúrate!*

- *Di* **please** *(por favor) cuando des órdenes:*
  **Please,** study!
    *¡Estudia, **por favor!***
  **Please,** help me!
    *¡Ayúdame, **por favor!***

- *¡Empieza ahora mismo! Sigue estos mandatos:*
  **Touch** this book!
  **Write** your name!
  **Dance** the salsa!

| | | |
|---|---|---|
| *Clean* | [clin] | Limpia |
| *Climb* | [cláim] | Sube |
| *Close* | [clos] | Cierra |
| *Come* | [cam] | Ven |
| *Continue* | [contíniu] | Sigue |
| *Dance* | [dans] | Baila |
| *Dial* | [dáiel] | Marca |
| *Drink* | [drinc] | Toma |
| *Eat* | [it] | Come |
| *Listen* | [lísen] | Escucha |
| *Look* | [luk] | Fíjate |
| *Look for* | [luk for] | Busca |
| *Open* | [ópen] | Abre |
| *Press* | [pres] | Oprime |
| *Put inside* | [put insáid] | Mete |
| *Read* | [rid] | Lee |
| *Repeat* | [ripít] | Repite |
| *Return* | [ritúrn] | Regresa |
| *Run* | [ran] | Corre |
| *See* | [si] | Ve |
| *Sell* | [sel] | Vende |
| *Send* | [send] | Manda |
| *Sign* | [sáin] | Firma |
| *Sing* | [sing] | Canta |
| *Take away* | [téik ahuéy] | Quita |
| *Take out* | [téik áut] | Saca |
| *Wash* | [uách] | Lava |
| *Write* | [ráit] | Escribe |

### 33. ¡APUESTO QUE SÍ PUEDES!

*Conecta el mandato con el resto de la frase:*

| | |
|---|---|
| **Drink** | **the name** |
| **Close** | **the lights** |
| **Write** | **the clerk** |
| **Call** | **the door** |
| **Turn off** | **the milk** |

*(Las respuestas están en la página 183.)*

# *The Super*-Mandatos

Aquí tienes algunos de los mandatos más cortos y comunes, los cuales trabajan sin ayuda de ninguna otra palabra. Son frases que deberás decir muy rápido:

| | | |
|---|---|---|
| **Answer me!** | [ánser mi] | ¡Contéstame! |
| **Ask for it!** | [asc for et] | ¡Pídelo! |
| **Calm down!** | [calm dáun] | ¡Cálmate! |
| **Do it for me!** | [du et for mi] | ¡Házmelo! |
| **Give it to me!** | [giv et tu mi] | ¡Dámelo! |
| **Grab it!** | [grab et] | ¡Agárralo! |
| **Leave it alone!** | [liv et alóun] | ¡Déjalo! |
| **Let's go!** | [lets go] | ¡Vamos! |
| **Pick it up!** | [pic et ap] | ¡Recógelo! |
| **Plug it in!** | [plag et in] | ¡Enchúfala! |
| **Pull it!** | [pul et] | ¡Jálalo! |
| **Push it!** | [puch et] | ¡Empújalo! |
| **Sit down!** | [sit dáun] | ¡Siéntate! |
| **Stand up!** | [stand ap] | ¡Levántate! |
| **Take care!** | [téik quéar] | ¡Cúidate! |
| **Take it!** | [téik et] | ¡Tómalo! |
| **Tell me about it!** | [tel mi abáut et] | ¡Cuéntamelo! |
| **Wait up!** | [uéit áp] | ¡Espérate! |
| **Wake up!** | [wéik áp] | ¡Despiértate! |

> ## 👉 ¡Aviso!
> - En los mandatos, la misma forma se usa en inglés para dar órdenes a una o varias personas:
>   **Go**, Juan! **¡Váyase!**
>   **Go**, Juan and María! **¡Váyanse!**
> - Cuando des órdenes o mandatos a las personas, sé amable y siempre usa **Thank you** (gracias).

---

### 34. ¡APUESTO QUE SÍ PUEDES!

*¡Conéctalas!*

| | |
|---|---|
| **Let's go!** | ¡Dámelo! |
| **Wake up!** | ¡Siéntate! |
| **Give it to me!** | ¡Despiértate! |
| **Stand up!** | ¡Vamos! |
| **Sit down!** | ¡Levántate! |

*(Las respuestas están en la página 183.)*

## ¡VAMOS A REPASAR!

Contesta estas preguntas en inglés:

*What are you wearing?*
*Do you like gold and silver?*
*How much do you weigh?*

Ahora, sigue estos mandatos:

*Open this book.*
*Point to the words.*
*Read the English!*

Busca estas palabras y haz círculos alrededor de ellas.

| | | |
|---|---|---|
| BREAD | CHEESE | COOKIES |
| EGG | FRUIT | HAMBURGER |
| MEAT | RICE | SAUSAGE |
| SOUP | TURKEY | VEGETABLES |

### *FOODS*

```
S  S  O  U  P  G  F  H  C  K  J  G  B  R  T
C  E  M  J  V  L  K  B  P  H  W  D  E  B  U
F  P  L  Q  W  C  B  S  B  I  E  C  A  U  R
N  F  M  B  F  D  E  T  C  F  I  E  C  Q  K
P  I  B  Z  A  I  X  S  D  R  Z  I  S  F  E
O  G  G  L  K  T  A  A  A  J  F  A  X  E  Y
U  C  U  O  R  S  E  C  Z  R  T  A  T  H  Z
S  C  O  Z  E  L  Y  G  U  R  V  A  J  Z  G
H  C  A  A  G  X  I  I  E  R  X  T  E  G  G
U  F  B  Y  R  W  T  O  Q  V  Q  S  N  M  E
O  Q  Q  E  U  S  A  U  S  A  G  E  M  Q  X
X  A  D  G  B  D  A  E  R  B  L  S  F  X  I
X  I  P  I  M  B  T  A  I  G  T  O  M  Y  M
Y  K  A  Z  A  R  X  Z  E  D  P  O  L  N  H
L  I  L  Z  H  G  N  H  Q  X  X  M  B  Y  G
```

*(Las respuestas están en la página 183.)*

# 7

## CAPÍTULO SEVEN [séven]

# Action!

## [ácchen]
## (¡Acción!)

Estamos entrando al próximo nivel de aprendizaje del inglés. Por favor, lee lo siguiente con mucho cuidado.

# Un anuncio importante

En las páginas anteriores ya hemos tratado el vocabulario básico en inglés. Ahora, comenzaremos a explicar en este libro los usos de las "palabras de acción" (verbos). Por favor, continúa sin temor. No estaremos haciendo muchos ejercicios de gramática. Estudiaremos solamente unas sugerencias prácticas y varias listas de palabras que te ayudarán muchísimo. Todo será muy fácil de entender porque no trabajaremos con aquellos detalles que para nuestros propósitos son innecesarios. ¡Sólo aprenderemos lo más importante!

Como ya sabemos, los errores al hablar son muy normales. No vas a mejorar si no pruebas. Así que vamos. ¡Adelante con tu inglés! Piensa positivamente, no te preocupes de cada palabra y usa solamente lo que necesites.

# Action Information!

En inglés todas las palabras de acción son **muy distintas** y tienes que recordar cada una. Compara estos ejemplos:

| | | | | | |
|---|---|---|---|---|---|
| hablar | *speak* | [spik] | correr | *run* | [ran] |
| trabajar | *work* | [uérk] | comer | *eat* | [it] |
| manejar | *drive* | [dráiv] | escribir | *write* | [ráit] |

Y como con todas las palabras en inglés, no se pronuncian como se escriben. Así que necesitas saber la pronunciación de cada una. Sin embargo, todas las "formas" (o tiempos) de una acción repiten la misma palabra clave. Vamos a ver un buen ejemplo:

| | |
|---|---|
| *Work*! | ¡**Trabaj**a! |
| *I'm **work**ing.* | Estoy **trabaj**ando. |
| *I **work**ed.* | Trabajé. |
| *Joe **work**s.* | José **trabaj**a. |

(Si alguien menciona cualquier frase con *work*, ¡tiene algo que ver con trabajar!)

Para entender lo que te están diciendo, escucha en la frase la palabra que incluye la acción.

# Un paso gigante hacia la fluidez con *Am, Is, Are*

Las frases cortas son fantásticas si quieres hablar poco. Pero para tener una **normal conversation**, necesitarás las útiles palabras **am, is** y **are**. Éstas se derivan de **to be**, que en español se traduce a ser y estar. Ya las hemos estudiado un poco, pero ahora . . . ponles mucha atención:

*I am . . .*          Yo soy/estoy
*You are . . .*       Tú eres/estás
*He o She is . . .*   Él o Ella es/está

> *Lee esta parte dos o tres veces.*

Mira los diferentes usos:

*John is very big.*     Juan **es** muy grande.
  (descripción)
*Mary is in the taxi.*     María **está** en el taxi.
  (ubicación)
*Are you sad?*     **¿Estás** triste? (sentimientos)
*I am Victor.*     **Soy** Víctor.     (nombres)
*Is he a doctor?*     **¿Es** él un doctor?     (ocupación)
*Mrs. Torres is from Cuba.*     La Sra. Torres **es** de Cuba. (origen)
*She is Puerto Rican.*     Ella es puertorriqueña.
  (nacionalidad)
*Who is working?*     ¿Quién **está** trabajando?
  (acción)
*You are my friend.*     **Eres** mi amigo. (información)

Y recuerda que muchos americanos aplican la regla de combinar con **am, is, are**:

> **I'm** a student.
> **You're** correct.
> **He's** Mexican.
> **She's** intelligent.
> **Lupe's** in the office.

- A veces *am*, *is*, *are* no corresponden a ser o estar. Observa:

  *I am 26*.    Yo **tengo** 26 años.

  *She's cold*.    Ella **tiene** frío.

  *He is hot*.    Él **tiene** calor.

  *Is Ann afraid?*    ¿**Tiene** miedo Ana?

  *Are you hungry?*    ¿**Tienes** hambre?

  *I'm in a hurry*.    **Tengo** prisa.

  *There is a problem*.    **Hay** un problema.

  *There are two apples*.    **Hay** dos manzanas.

- Usa *is* cuando hablas de *it* (una cosa):

  *It is a chair*.    Es una silla.

  *It's a pencil*.    Es un lápiz.

  *It's my house*.    Es mi casa.

  *It is important*.    Es importante.

  *Where is it?*    ¿Dónde está?

  *It's cold*.    Hace frío.

  *It's five o'clock*.    Son las cinco.

- Para hacer las preguntas con *am*, *is* o *are* en inglés, pon estas palabras antes de todo, y sube la voz al final de la frase:

  *Is Alfred a STUDENT?*

  *Is it IMPORTANT?*

  *Are you O.K.?*

  *Are you a POLICE OFFICER?*

- ¡Buenas noticias! Parece que todos los latinos aprenden *am*, *is* y *are* muy rápido.

## Adelante con *Are*

*Are* es muy importante en inglés. Aunque lo puedes usar con *You* (tú), lo decimos también cuando hablamos de "más de uno" (ustedes, ellos, nosotros, etc.):

| | |
|---|---|
| *You are my friends*. | Ustedes son mis amigos. |
| *They are Cubans*. | Ellos son cubanos. |
| *We are intelligent*. | Somos inteligentes. |
| *Are the boys thirsty?* | ¿Tienen sed los chicos? |
| *The books are on the table*. | Los libros están en la mesa. |
| *You're secretaries*. | Ustedes son secretarias. |

*They're* good cars.  Son buenos carros.
*We are* here.  Estamos aquí.

---

### 35. ¡APUESTO QUE SÍ PUEDES!

*A ver si puedes traducir algunas frases del inglés al español:*

**I am a student.** _____.

**He is American.** _____.

**You are my friend.** _____.

**Kathy is in the hospital.** _____.

**The students are intelligent.** _____.

**Felipe and Pancho are 16.** _____.

**We are very happy.** _____.

**Are you and John hot?** _____?

**It is ten-fifteen?** _____?

**Is there a problem?** _____?

*Llena los espacios en blanco con am, is, o are:*

**My friend _____ an excellent dentist.**
**The plates _____ in the dining room.**
**The clouds in the sky _____ dark and gray.**
**Mary's party _____ at 7:30 tonight.**
**I _____ twenty, and he _____ thirty.**
**Those short black dogs _____ very dangerous.**
**We _____ tired, hungry and thirsty.**
**_____ your brothers in the mountains?**

*(Las respuestas están en la página 183.)*

---

# *Not*  [nat]

Ponemos *not* después de *am*, *is* y *are* para decir *no*:

*I am **not** American.*  **No** soy americano.
*She is **not** in the house.*  Ella **no** está en la casa.
*We are **not** thirsty.*  **No** tenemos sed.

Y puedes juntar palabras con la regla de combinar:

| | |
|---|---|
| He **isn't** here. | Él **no está** aquí. |
| We **aren't** Spanish. | **No somos** españoles. |
| It **isn't** a problem. | **No es** un problema. |
| There **aren't** any books. | **No hay** libros. |
| There **isn't** any water. | **No hay** agua. |
| This **isn't** big. | Esto **no es** grande. |
| That **isn't** small. | Eso **no es** pequeño. |
| These **aren't** my pens. | Estas **no son** mis plumas. |
| Those **aren't** my pencils. | Esos **no son** mis lápices. |

---

### 36. ¡APUESTO QUE SÍ PUEDES!

*Pon las palabras en orden:*

**here Villa Mr. isn't.** _____

**chairs blue aren't The.** _____

**from not I'm Chile.** _____

**important not It's.** _____

**soda isn't my This.** _____

*Cambia estas frases del afirmativo al negativo:*

| | |
|---|---|
| **I am from Spain.** | I am **not** from Spain_____. |
| **Charlie is my brother.** | Charlie is **not** my brother_____. |
| **We are in the hospital.** | _____. |
| **It is seven o'clock.** | _____. |
| **They are hungry.** | _____. |

*(Las respuestas están en la página 183.)*

---

## Don't!   [dont]

Durante tu aprendizaje de inglés, vas a descubrir muchos usos de la palabra **not**. Por ejemplo, ésta se combina con **do** [du] para hacer la palabra **don't**, la cual se usa en muchas expresiones y frases populares.

**Don't**, cuando se encuentra enfrente de las palabras de acción, significa no:

**Don't run!**          [dont ran]          ¡No corras!

| | | |
|---|---|---|
| **Don't smoke!** | [dont smok] | ¡No fumes! |
| **Don't walk!** | [dont uák] | ¡No camines! |
| **Don't worry!** | [dont uéri] | ¡No te preocupes! |
| **Don't be afraid!** | [dont bi afréid] | ¡No tengas miedo! |
| **Don't do it!** | [dont du et] | ¡No lo hagas! |

Y cuando pones las palabras personales enfrente de **don't**, mira lo que pasa:

| | | |
|---|---|---|
| I **don't** have it. | [ái dont jav et] | No lo tengo. |
| You **don't** need it. | [iú dont nid et] | No lo necesitas. |
| I **don't** like it. | [ái dont láik et] | No me gusta. |
| They **don't** believe it. | [dei dont bilív et] | No lo creen. |
| We **don't** want it. | [uí dont uánt et] | No lo queremos. |
| I **don't** know. | [ái dont nóu] | No sé. |
| You guys **don't** understand. | [iú gáis dont anderstánd] | Uds. no entienden. |

Usa **doesn't** [dásent] para decir no con las palabras de acción cuando hablas de una sola persona o cosa:

| | |
|---|---|
| Lupe **doesn't** work. | Lupe no trabaja. |
| Bob **doesn't** smoke. | Roberto no fuma. |
| My car **doesn't** move. | Mi carro no se mueve. |
| The store **doesn't** close. | La tienda no cierra. |
| It **doesn't** matter. | No importa. |

> ☞ **¡Avisos!**
>
> *Observa más "palabras de negación" aquí. Estudia los significados:*
>   I can**not** stand it. *[ái canát stánd et] No lo aguanto.*
>   I did **not** realize. *[ái díd nat rílais] No me di cuenta.*
>   We have **not** finished. *[uí jav nat fínicht] No hemos terminado.*
>   He could **not** come. *[ji cud nat cám] Él no pudo venir.*
>   I will **not** do it. *[ái uíl nat du et] No lo voy a hacer.*

---

### 37. ¡APUESTO QUE SÍ PUEDES!

*Llena los espacios con **don't** o **doesn't**:*

I _____ like chocolate.

Sandra _____ like candy.

We _____ want new shoes.

She _____ want beer.

They _____ need an apartment.

You _____ need a cat.

He _____ understand English.

*(Las respuestas están en la página 183.)*

# Do You Have It?
## [du iú jav et] (¿Lo tienes?)

**Have** generalmente significa *tener*, y es una de las palabras de más valor en el idioma inglés. Es necesaria para sobrevivir en todos los idiomas, porque siempre hay algo que deseamos *tener*:

*Do you **have** water?* ¿Tienes agua?
*I don't **have** food.* No tengo comida.
*You guys **have** a house.*
 Ustedes tienen una casa.
*We **have** a problem.* Tenemos un problema.
*Do they **have** it?* ¿Lo tienen ellos?

> Have fun!

## "Has" [jas]

**Has** es una forma de **have**, significa *tiene*, y la usas cuando hablas de una sola persona o cosa. Por ejemplo:

> *Tina **has** a book.* Tina **tiene** un libro.
> *My car **has** gas.* Mi carro **tiene** gasolina.
> *The U.S.A. **has** fifty states.* Estados Unidos **tiene** cincuenta estados.

### ¡VAMOS A REPASAR!

Primero lee lo que sigue en voz alta, y después escribe la traducción en español:

*Don't smoke in the house!* _____

*We don't like hot food.* _____

*I don't speak much English.* _____

*My mother doesn't live in Mexico.* _____

*That laptop doesn't work well.* _____

*He doesn't want the shirt.* _____

*Do you have friends?* _____

☞ **¡Avisos!**

- *Para decir que no tienes algo, necesitarás* **doesn't** *y* **don't** *con* **have**.

 We **don't** have one. *No tenemos uno.*
 You **don't** have time. *No tienes tiempo.*
 She **doesn't** have a class. *Ella no tiene una clase.*
 He **doesn't** have a bike. *Él no tiene una bicicleta.*
 The tree **doesn't** have leaves. *El árbol no tiene hojas.*

- *Para hacer preguntas con* **have**, *empieza tus oraciones con* **Do** *o* **Does**:

 **Do** you **have** a dollar? *¿Tienes un dólar?*
 **Does** Tony **have** an apartment? *¿Tiene Tony un apartamento?*
 *(¡Vamos a aprender más sobre* **Do** *y* **Does** *muy pronto!)*

- **Have** *y* **Has** *tienen otros usos también. ¡No te preocupes! Por ahora, usa estos vocablos solamente para decir* tener.

*I have a big problem.* _____

*They don't have the money.* _____

*Francisco doesn't have a job.* _____

*Mary's sister doesn't have a watch.* _____

*Does your father have a white car?* _____

---

### 38.  ¡APUESTO QUE SÍ PUEDES!

*Llena los espacios en blanco con* **have** *o* **has**:

*We* _____ *a very large yard.*

*That teacher* _____ *three new students.*

*Her blue suit* _____ *a pretty jacket.*

*This tree* _____ *many long branches.*

*I* _____ *a new big screen in my bedroom.*

*The chicken soup* _____ *a sour taste.*

*Do they* _____ *a red truck?*

*Mrs. Miller* _____ *four brothers and five sisters.*

*(Las respuestas están en la página 183.)*

Have? Has?

# *The Great Secret*
# [de gréit sícret]
# (El gran secreto)

El gran secreto para hablar mucho inglés es que debes saber usar muchas palabras de acción. Juguemos con unas cuantas acciones. Simplemente di:

## *Please . . .* (Por favor)

*watch*  [uátch]  mirar
Please watch the program.

*pay*  [péi]  pagar
Please pay the cashier.

| | | |
|---|---|---|
| *buy* | [bái] | comprar |
| *carry* | [quérri] | llevar |
| *close* | [clóus] | cerrar |
| *come* | [cam] | venir |
| *dance* | [dans] | bailar |
| *drink* | [drinc] | beber |
| *drive* | [dráif] | manejar |
| *eat* | [it] | comer |
| *go* | [go] | ir |
| *leave* | [liiv] | salir |
| *live* | [lif] | vivir |
| *open* | [ópen] | abrir |
| *play* | [pléi] | jugar |
| *pull* | [pul] | jalar |
| *push* | [puch] | empujar |
| *read* | [rid] | leer |
| *return* | [ritérn] | volver |
| *run* | [ran] | correr |
| *sell* | [sel] | vender |
| *sleep* | [slip] | dormir |
| *speak* | [spik] | hablar |
| *study* | [stádi] | estudiar |
| *walk* | [uác] | caminar |
| *wash* | [uách] | lavar |
| *work* | [uérk] | trabajar |
| *write* | [ráit] | escribir |

Please read!

¡Hay una lista de los verbos en inglés al final de este libro!

# I Speak English!

Muchas de las formas básicas de las palabras de acción pueden ser usadas para comunicar tus ideas:

| | |
|---|---|
| I **work** there. | Trabajo allí. |
| You **work** there. | Trabajas allí. |
| They **work** there. | Trabajan allí. |
| We **work** there. | Trabajamos allí. |

¿Te das cuenta? ¡Solamente necesitas **work** para hablar de mucha gente!

Pero, cuando se habla de una sola cosa o persona, la forma básica cambia: se necesita una **s** al final.

| | |
|---|---|
| He work**s** there. | (Él trabaja allí.) |
| She work**s** there. | (Ella trabaja allí.) |

Más ejemplos:

| | |
|---|---|
| My car work**s** O.K. | (Mi carro funciona bien.) |
| It work**s** great! | (¡Funciona excelente!) |
| No one work**s** today. | (Nadie trabaja hoy.) |

Otras palabras de acción cambian un poco cuando una sola persona hace la acción. Por ejemplo:

| | | |
|---|---|---|
| I fish. | We try. | They go. |
| Ed fish**es**. | Mr. Sanchez tr**ies**. | She go**es**. |

**39. ¡APUESTO QUE SÍ PUEDES!**

*¡Cámbialas!*

**I work. José works** _____.

**I drive. She** _____.

**I play. Paula** _____.

**I write. He** _____.

**I walk. Mr. Smith** _____.

*(Las respuestas están en la página 184.)*

# Do [du] and Does [das]

Como nosotros ya sabemos, las palabras *don't* y *doesn't* siempre son usadas en inglés para expresar *que no*, y las ponemos antes de las palabras de acción. Las palabras **do** y **does** también son importantes. Se usan para formular preguntas. Mira los ejemplos que siguen:

| | |
|---|---|
| Where **do** you live? | ¿Dónde vives? |
| I **don't** live here. | [No vivo aquí.] |
| **Do** they like milk? | ¿Les gusta la leche? |
| No, they **don't**. They like juice. | [No. Les gusta el jugo.] |
| What **do** you want? | ¿Qué quieres? |
| I **don't** want anything | [No quiero nada.] |
| **Does** she eat fish? | ¿Come ella pescado? |
| No, she **doesn't**. She eats pork. | [No. Ella come cerda] |
| When **does** he work? | ¿Cuándo trabaja él? |
| He **doesn't** work today. | [No trabaja hoy.] |
| **Does** Mary dance well? | ¿Baila bien María? |
| No, she **doesn't**. She sings. | [No. Ella canta.] |

Y también se emplean en afirmaciones. Por eso, cuando te pregunten algo, ¡escucha por **does** y **do**!

| | |
|---|---|
| **Do** you understand? | Yes, I **do**! |
| **Does** Nancy understand? | Yes, she **does**. |

---

### 40. ¡APUESTO QUE SÍ PUEDES!

*Llena los espacios en blanco con do o does:*

_____ **you eat a lot of fruit?**

_____ **Ed speak Spanish?**

_____ **they have bicycles?**

What _____ **Philip want?**

Where _____ **you guys live?**

When _____ **we work?**

*(Las respuestas están en la página 184.)*

# ¡Adelante con las acciones!

Todos los días aprenderás más y más palabras de acción. Aquí tienes algunas de mis favoritas, las cuales escucharás por todas partes:

| | | | | | | |
|---|---|---|---|---|---|---|
| **answer** | [ánser] | contestar | **join** | [chóin] | juntar |
| **arrange** | [aréinch] | arreglar | **kiss** | [quis] | besar |
| **ask** | [ask] | preguntar | **learn** | [lern] | aprender |
| **attend** | [aténd] | asistir | **lend** | [lend] | prestar |
| **avoid** | [avóid] | evitar | **listen** | [lísen] | escuchar |
| **begin** | [biguín] | empezar | **look for** | [luk for] | buscar |
| **bet** | [bet] | apostar | **lose** | [lus] | perder |
| **break** | [bréic] | quebrar | **love** | [lav] | amar |
| **chat** | [chat] | charlar | **put** | [put] | poner |
| **clean** | [clin] | limpiar | **receive** | [recív] | recibir |
| **climb** | [cláim] | subir | **rest** | [rest] | descansar |
| **cook** | [cuk] | cocinar | **ride** | [ráid] | montar |
| **cry** | [crái] | llorar | **save** | [séiv] | ahorrar o |
| **cut** | [cat] | cortar | | | salvar |
| **die** | [dai] | morir | **sing** | [sing] | cantar |
| **dream** | [drim] | soñar | **spend** | [spend] | gastar |
| **enjoy** | [enchói] | disfrutar | **stop** | [stap] | parar |
| **fight** | [fáit] | pelear | **survive** | [serváiv] | sobrevivir |
| **find** | [fáind] | encontrar | **swim** | [suím] | nadar |
| **fix** | [fix] | reparar | **take** | [téik] | tomar |
| **fly** | [flái] | volar | **tell** | [tel] | decir |
| **forget** | [forguét] | olvidar | **touch** | [tach] | tocar |
| **give** | [guiv] | dar | **try** | [trái] | tratar |
| **grow** | [gróu] | crecer | **use** | [iús] | usar |
| **guess** | [gues] | adivinar | **weigh** | [uéi] | pesar |
| **hate** | [jéit] | odiar | **wish** | [uích] | desear |
| **help** | [jelp] | ayudar | **yell** | [iél] | gritar |
| **hit** | [jit] | pegar | | | |

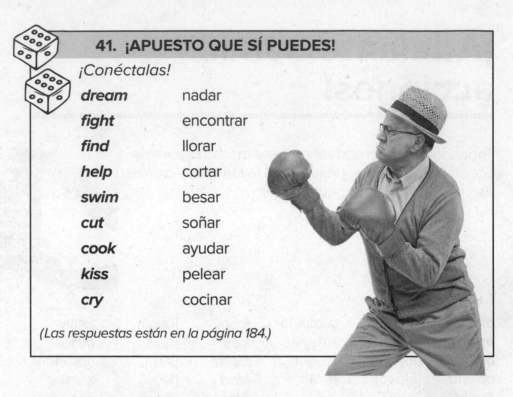

### 41. ¡APUESTO QUE SÍ PUEDES!

*¡Conéctalas!*

| | |
|---|---|
| **dream** | nadar |
| **fight** | encontrar |
| **find** | llorar |
| **help** | cortar |
| **swim** | besar |
| **cut** | soñar |
| **cook** | ayudar |
| **kiss** | pelear |
| **cry** | cocinar |

*(Las respuestas están en la página 184.)*

## Super-Actions!

No es posible explicar en este libro todas las formas de las *action words* en inglés. Pero, cuando empieces a tener más confianza, aprenderás muchas más por ti mismo. Por lo pronto, hay unas super-frases que puedes poner enfrente de las palabras de acción para expresarte mejor:

| | | | | |
|---|---|---|---|---|
| **I like to…** | [ái láik tu] | Me gusta | | |
| **I have to…** | [ái jav tu] | Tengo que | **…work.** | trabajar. |
| **I need to…** | [ái nid tu] | Necesito | **…eat.** | comer. |
| **I want to…** | [ái uánt tu] | Quiero | **…go.** | ir. |
| **I should…** | [ái chud] | Debo | **…sleep.** | dormir. |
| **I can…** | [ái can] | Puedo | | |

### ¡ESCÓGELAS Y ÚSALAS!

- **I…go.**   Yo…(tengo que, necesito, puedo) ir.
- **They…study.**   Ellos…(deben, quieren) estudiar.
- **I want to….**   Quiero…(empezar, escuchar).
- **We like to….**   Nos gusta…(montar, volar, descansar).
- **They need to….**   Necesitan…(cocinar, ayudar, tratar).
- **Dave cannot….**   David no puede…(pelear, sobrevivir).

# *What Are You Doing?*
# [uát ar iú dúin]
# (¿Qué estás haciendo?)

Ahora que entendemos la importancia de las palabras de acción, vamos a aprender una forma sencilla para usarlas en conversaciones prácticas.

Las tres letras *ing* al final de una palabra casi siempre nos dicen que una acción está pasando en el momento presente:

|  |  |
|---|---|
| *I'm work**ing**.* | Estoy trabajando. |
| *John is speak**ing**.* | Juan está hablando. |
| *They're danc**ing**.* | Están bailando. |

Lo único que necesitas para usar esta terminación es una palabra de acción. Mira los ejemplos siguientes:

| | | | |
|---|---|---|---|
| ***eat*** | comer | *eat**ing*** | comi**endo** |
| ***play*** | jugar | *play**ing*** | jug**ando** |
| ***learn*** | aprender | *learn**ing*** | aprendi**endo** |

Empecemos con ***am***, ***is*** y ***are*** para hacer oraciones completas:

|  |  |
|---|---|
| *I am eating.* | Yo estoy comiendo. |
| *She **is playing**.* | Ella está jugando. |
| *We **are learning**.* | Nosotros estamos aprendiendo. |
| *He**'s dancing**.* | Él está bailando. |
| *They **are studying**.* | Ellos están estudiando. |

### 42.  ¡APUESTO QUE SÍ PUEDES!

*¡Traduce y practica esta conversación con tus amigos! Cambia las palabras, si quieres:*

**Where's Mary?**     **She is working. She's cleaning tables and washing dishes at the Italian restaurant.**

---

☞ **¡Avisos!**

- *Tal vez has notado que al usar **-ing** hay unos cambios en la forma escrita de algunas palabras de acción:* danc**e**, danc**ing**. *Pero no te preocupes por eso; la pronunciación de las palabras de acción es lo más importante por ahora.*

- *Recuerda que en inglés siempre necesitas incluir las palabras personales:*
  Are **you** working at the market?
  **She**'s not running in the park.
  **They** are not speaking Spanish.
  **I** am making a hat.

*Ahora, traduce y lee en voz alta:*

**Bill and Cecilia are kissing in the car.**
**My father isn't listening to the program.**
**The baby is crying, and his sister is yelling.**
**Those trees in the garden are growing fast.**
**Is the secretary using a printer in the office?**
**Tom is listening to us and answering our questions.**

*(Las respuestas están en la página 184.)*

## ¡ESCÓGELAS Y ÚSALAS!

- **Who is…?** ¿Quién está…(jugando, pagando, comiendo)?
- **We're not….** No estamos…(yendo, manejando, limpiando).
- **I'm…now.** Estoy…(trabajando, aprendiendo) ahora mismo.
- **Are you…?** ¿Estás…(saliendo, volviendo)?
- **Anne isn't….** Ana no está…(corriendo, visitando).
- **My friend is….** Mi amigo está…(gritando, caminando).
- **Are the boys…?** ¿Están los muchachos…(jugando, cantando)?
- **We aren't….** No estamos…(gastando, asistiendo).
- **I am…my car.** Estoy…(reparando, buscando) mi carro.

## ¡VAMOS A REPASAR!

1. Traduce y pronuncia en voz alta:
   **Geraldo watches TV in the afternoon.**
   **Mrs. Smith tries to sleep on the sofa at night.**
   **We don't work at the factory every day.**
   **She doesn't go to school on Sundays.**
   **Do you speak Spanish or Italian?**
   **Does your friend drink coffee or tea?**

2. ¡Practica!

   | | | |
   |---|---|---|
   | **He sings.** | **He doesn't sing.** | **Does he sing?** |
   | **She dances.** | **She doesn't dance.** | **Does she dance?** |
   | **Jim reads.** | **Jim doesn't read.** | **Does Jim read?** |

3. ¡Conversa!

   | | |
   |---|---|
   | **Where do you work?** | **At the supermarket. And you?** |
   | **I don't work. I'm a student.** | **Really? Where do you go to school?** |
   | **At the university.** | **What do you study?** |
   | **Art and music** | |

# *I'm Going!*
## [áim góin] (¡Me voy!)

Algo importante ocurre cuando cambiamos *go* (ir) a la palabra *going*; ésta tiene dos usos muy poderosos en inglés:

1. Se usa *going* para contestar la pregunta *¿Adónde vas?*
   *I'm going to Puerto Rico.*    Voy a Puerto Rico.

2. Y se usa *going* para decir *qué vas a hacer.*
   *I'm going to dance!*    ¡Voy a bailar!

Mira estos otros casos:

> *You are going to my hotel.*
> *He's going to the restaurant.*
> *She's going to eat.*
> *We're going to drive.*

## *Going to the Future*  [góin tu de fiúchur]
## (Procediendo al futuro)

En lo que antecede habrás notado que a veces *going* incluye la palabra *to*. *Going to...* es una forma que usamos para hablar del futuro: *I'm going to study tomorrow.* (Voy a estudiar mañana).

Pero existe otra manera más sencilla en inglés para hablar del futuro. Observa lo que puedes hacer combinando algunas palabras de acción con *will* y *won't*:

| | | |
|---|---|---|
| *I will clean.* | [ái uíl clin] | Limpiaré. |
| *He will play.* | [ji uíl pléi] | Jugará. |
| *We will go.* | [uí uíl go] | Iremos. |
| *They won't eat.* | [déi uónt it] | No comerán. |
| *She won't sell.* | [chi uónt sel] | No venderá. |
| *You won't know.* | [iú uónt nóu] | No sabrás. |

## 43. ¡APUESTO QUE SÍ PUEDES!

*Repasa y revisa los usos de las palabras de acción:*

| | |
|---|---|
| **What do you do?** | ¿Qué haces? |
| **What are you doing?** | ¿Qué estás haciendo? |
| **What are you going to do?** | ¿Qué vas a hacer? |
| I **work** a lot. | Trabajo mucho. |
| I'm **working** now. | Estoy trabajando ahora mismo. |
| I'm **going to work** later. | Voy a trabajar más tarde. |

*¿Cuánto inglés sabes? Traduce:*

**I'm going to Argentina.** _____.

**We're not going to Texas.** _____.

**Fred is going to run.** _____.

**Mrs. Edwards isn't going to cook.** _____.

**We will dance at the club.** _____.

**We won't drive to the desert.** _____.

**What are you going to do?** _____.

**Where are you going?** _____.

*(Las respuestas están en la página 184.)*

# *What Were You Doing?*
# [uát uéar iú dúin]
# (¿Qué estabas haciendo?)

Aunque hay numerosas frases para hablar de lo pasado, por ahora tú sólo necesitas dos palabras sencillas:

## *was*  [uoás]

| | |
|---|---|
| I **was** sick. | Yo estaba enfermo. |
| She **was** there. | Ella estaba allí. |
| He **was** at home. | Él estaba en casa. |

## *were*  [uéar]

| | |
|---|---|
| You **were** right. | Estabas correcto. |
| They **were** good. | Estaban buenos. |
| We **were** lost. | Estábamos perdidos. |

Estas dos palabras son muy fáciles de usar porque ya has aprendido cómo usar el *ing* con las palabras de acción. Lee estos ejemplos:

| | |
|---|---|
| I was **playing** tennis. | Yo estaba jugando tenis. |
| Mary **was** not **dancing**. | María no estaba bailando. |
| **Were** they **kissing?** | ¿Se estaban besando ellos? |
| The plants **were growing**. | Las plantas estaban creciendo. |

### 44. ¡APUESTO QUE SÍ PUEDES!

*¿Entiendes la diferencia? Llena el espacio con **was** o **were**:*

| | |
|---|---|
| **My friends are reading.** | My friends <u>were</u> reading. |
| **I am not talking.** | I _____ not talking. |
| **Bill is sleeping.** | Bill _____ sleeping. |
| **We are cooking.** | We _____ cooking. |
| **Are you watching TV?** | _____ you watching TV? |

*(Las respuestas están en la página 184.)*

Escribe tus propias oraciones aquí:

_____

_____

_____

☞ **¡Avisos!**

*Existen palabras que van muy bien con las palabras de acción porque expresan cómo hacemos las cosas. Todas ellas terminan con* **ly***:*

**briefly** *[brífli]*
 *brevemente*
**correctly** *[coréctli]*
 *correctamente*
**effectively** *[iféctivli]*
 *efectivamente*
**immediately** *[imídiatli]*
*inmediatamente*
**sincerely** *[sincírli]*
 *sinceramente*
**usually** *[iúsuali]*
 *usualmente*
*Estudia estos ejemplos:*
We speak **sincerely**.
 *Hablamos sinceramente.*
John wasn't working **effectively**. *Juan no estaba trabajando efectivamente.*
They're reading **perfectly**. *Ellos están leyendo perfectamente.*
**Usually** it rains. *Usualmente llueve.*

¿Estás leyendo con cuidado?

# What Happened?
# [uát jápend] (¿Qué pasó?)

Desafortunadamente, en inglés hay muchas maneras de contar nuestras experiencias pasadas. Estas formas las aprendemos después de estudiar y practicar mucho, o al tomar clases de gramática. Por lo tanto, para los que no saben mucho inglés, es mejor usar sólo las palabras importantes. Así se les facilitará la comunicación de sus ideas.

Créeme, estas palabras te serán útiles inmediatamente:

| | | |
|---|---|---|
| **did** | [did] | hice, hiciste, hizo, hicimos, hicieron |
| **went** | [uént] | fui, fuiste, fue, fuimos, fueron |
| **had** | [ jad] | tenía, tenías, tenía, teníamos, tenían |
| **said** | [sed] | dije, dijiste, dijo, dijimos, dijeron |

Además las puedes usar con todo el mundo:

| | |
|---|---|
| I **did** the work. | Yo hice el trabajo. |
| He **went** to the park! | ¡Él fue al parque! |
| She **had** a problem. | Ella tenía un problema. |
| They **said** no! | ¡Ellos dijeron que no! |

Aquí siguen unas más:

| | | | *Yesterday I…* (Ayer yo…) | |
|---|---|---|---|---|
| beber: | **drink** | [drinc] | …**drank** | [dranc] |
| comer: | **eat** | [it] | …**ate** | [éit] |
| comprar: | **buy** | [bái] | …**bought** | [bat] |
| escribir: | **write** | [ráit] | …**wrote** | [róut] |
| hacer: | **make** | [méik] | …**made** | [méid] |
| leer: | **read** | [rid] | …**read** | [red] |
| manejar: | **drive** | [dráiv] | …**drove** | [drov] |
| pagar: | **pay** | [péi] | …**paid** | [péid] |
| tomar: | **take** | [téik] | …**took** | [tuk] |
| vender: | **sell** | [sel] | …**sold** | [sold] |
| ver: | **see** | [si] | …**saw** | [sa] |

---

## ☞ ¡Avisos!

- No todas las palabras del "pasado" son tan raras (irregulares). La mayoría de ellas son consistentes (regulares) y tienen las letras **ed** al final:
  I work**ed**. [uérkt] trabajé
  They play**ed**. [pléid] jugaron
  He plant**ed**. [plánted] plantó

- Existen muchas palabras claves en tiempo pasado. En este libro sólo aparecen las más importantes. Si deseas otras, consulta un libro de estudio.

- ¿Recuerdas las palabras **do** y **does**? Usa **did** de la misma manera para hablar del pasado:
  **Do you smoke?**
  ¿Fumas?
  **Did** you smoke?
  ¿Fumaste?
  **Does she sing?**
  ¿Canta ella?
  **Did** she sing?
  ¿Cantó ella?

## 45. ¡APUESTO QUE SÍ PUEDES!

*Use más papel si es necesario.*
*¡Practica! Cámbialas a lo pasado:*

**I eat salads.** <u>I ate salads</u> _____

**We sell vegetables.** _____

**Linda goes to church.** _____

**He drives a bus.** _____

**They drink wine.** _____

**Bob has fantastic parties!** _____

*Traduce, por favor:*

**What happened at 12:00?**

**Pete and I did the work in the garden.**

**They had a party at the hotel.**

**Everybody went to the movies.**

**Mr. and Mrs. Thomas bought the car.**

**The children played in the park on Saturday.**

**We wrote a lot in our English class.**

**My brother ate the sandwich and drank the milk.**

**Did you drive your car yesterday?**

**I didn't go to church at nine o'clock.**

*(Las respuestas están en la página 184.)*

---

### ¡Avisos!

- Recuerda que todas las traducciones y pronunciaciones de las palabras de acción no son exactas. Pero son suficientes para que te entiendan.
- Para comprender las preguntas que se refieren a acciones, siempre pon mucha atención a las primeras palabras:

  **Do** you speak Spanish?
  —Yes, I **do**.
  **Are** you learning English?
  —Yes, I **am**!
  **Is** Lupe going to drive?
  —No, she **is**n't.
  **Will** you help me?
  —Yes, I **will**.
  **Does** Tomás read?
  —No, he **does**n't.
  **Was** the car blue?
  —Yes, it **was**.
  **Were** they dancing?
  —No, they **were**n't.
  **Did** you go?
  —No, I **did**n't.
  **Did** Juan leave?
  —Yes, he **did**.
  **Did** they play?
  —Yes, they **did**.

---

## ¡ESCÓGELAS Y ÚSALAS!

- **I…it.**   Yo lo…(tenía, dije, hice).
- **She's writing….**   Ella está escribiendo…(perfectamente, correctamente).
- **…cooking.**   (Estábamos, Estabas)…cocinando.
- **They….**   Ellos…(limpiarán, trabajarán, bailarán).
- **…San Francisco.**   (Vamos a, Voy a)…San Francisco.
- **…play tennis.**   (Van a, Vas a)…jugar tenis.
- **Does…?**   ¿(Trabaja él, Fuma ella)?
- **Do…?**   ¿(Bailas tú, Manejan ellos)?
- **…to the supermarket.**   (Fuimos, Fui)…al supermercado.
- **He….**   Él (cantó, comió, pagó).
- **Did…?**   ¿(Trabajaste, Jugaste)?

**¡VAMOS A REPASAR!**

Di una frase usando cada una de las palabras siguientes:

*am* I *am* a good student. _____

*is* _____
*are* _____
*not* _____
*don't* _____
*have* _____
*has* _____
*work* _____
*works* _____
*do* _____
*does* _____
*doesn't* _____
*working* _____
*going* _____
*will* _____
*was* _____
*were* _____
*did* _____
*went* _____
*had* _____

*me* He is talking to *me*. _____
*him* _____
*them* _____
*us* _____

Escribe los verbos en la →
columna de la derecha.

**COMMON ACTIONS**

| | |
|---|---|
| RWKO | WORK |
| VRIDE | |
| DAER | |
| YSDTU | |
| VAELE | |
| IREWT | |
| WCHTA | |
| UNRETR | |
| AKESP | |
| RDNKI | |
| CANED | |
| PELSE | |

*(Las respuestas están en la página 185.)*

# 8

# Details

## [díteils]
## (Los detalles)

# ¡Dime **When**!

Ahora que estamos familiarizados con las palabras de acción y con el vocabulario básico que hemos adquirido, llegó el momento de presentarte las palabras y frases más conocidas relativas al tiempo:

| | | |
|---|---|---|
| *after* | [áfter] | después |
| *again* | [aguén] | otra vez |
| *already* | [alrédi] | ya |
| *always* | [álueys] | siempre |
| *a moment* | [a móment] | un momento |
| *at dawn* | [at dan] | a la madrugada |
| *at dusk* | [at dask] | al anochecer |
| *at sunset* | [at sánset] | a la puesta del sol |
| *awhile* | [auáil] | un rato |
| *before* | [bifór] | antes |
| *during* | [dúrin] | durante |
| *early* | [érli] | temprano |
| *every day* | [éveri déi]s | todos los días |
| *just* | [chast] | apenas |
| *last month* | [last mondt] | el mes pasado |
| *last night* | [last náit] | anoche |
| *late* | [léit] | tarde |
| *later* | [léiter] | más tarde |
| *lots of times* | [lats av táims] | muchas veces |
| *many years ago* | [méni llirs agó] | hace muchos años |
| *never* | [néver] | nunca |
| *next week* | [next uík] | la próxima semana |
| *now* | [náu] | ahora |
| *once* | [uáns] | una vez |
| *right now* | [ráit náu] | ahora mismo |
| *sometimes* | [sámtaims] | a veces |
| *soon* | [sun] | pronto |
| *the day after tomorrow* | [de déi áfter tumárou] | pasado mañana |
| *the day before yesterday* | [de déi bifór iésterdei] | anteayer |
| *then* | [den] | entonces |
| *today* | [tudéi] | hoy día |
| *tomorrow* | [tumárou] | mañana |
| *tomorrow morning* | [tumárou mórnin] | mañana por la mañana |

| | | |
|---|---|---|
| *tonight* | [tunáit] | esta noche |
| *twice* | [tuáis] | dos veces |
| *until* | [antíl] | hasta |
| *yesterday* | [iésterdei] | ayer |
| *yet* | [iét] | todavía |

**Jaime:** **When is the party?**
**Marta:** **Today!**
**Later!**
**After work!**

## ¡ESCÓGELAS Y ÚSALAS!

- **I work . . . .**   Trabajo . . . (hoy día, siempre).
- **I'm working . . . .**   Estoy trabajando . . . (ahora mismo, tarde).
- **I was working . . . .**   Estaba trabajando . . . (ayer, el mes pasado).
- **I won't work . . . .**   No trabajaré . . . (después, pasado mañana).
- **I'm going to work . . . .**   Voy a trabajar . . . (mañana, el próximo año).

### 46. ¡APUESTO QUE SÍ PUEDES!

*Lee en voz alta y contesta las preguntas después:*

**I'm eating now and I will run later. When will you run?**

(Después) _____

**We always read, but we never write. When do you read?**

(Siempre) _____

**They sometimes work from dawn to dusk. When do they work?**

(Hasta el anochecer) _____

**She danced many years ago, and she's going to dance next week. When is she going to dance?** (La semana próxima)

_____

*Conversa y contesta la pregunta después:*

**When is English class?**          **Tonight at six.**
**Are you going to study today?**    **Yes. I'm going to practice with my American friend after work.**

**Where are you going now?**         **To lunch.**
**What are you going to do today?** (Voy a estudiar) _____

_____

*Estudia y contesta la pregunta después:*

**I saw Tony last night. We danced awhile, ate some food, and talked until the restaurant closed. Then we drove to the beach. It was very late. What did you do after the restaurant closed?**
(Manejamos a la playa) _____

_____

*(Las respuestas están en la página 185.)*

# ¡Dime **Where**!

☞ **¡Avisos!**

- *La palabra en del español significa muchas cosas en inglés:* **at, on, in**. *Por ejemplo:*
Mickey is **at** Disneyland.
*Mickey está en Disneyland.*
The book is **on** the table. *El libro está en la mesa.*
Your money is **in** my wallet. *Tu dinero está en mi cartera.*
- *Prueba el uso de estas palabras con "las acciones" más comunes:*
I live **downstairs**.
*Vivo abajo.*
I work **inside**.
*Trabajo adentro.*
- *Busca oportunidades para practicar estas frases usando los mandatos:*
Go **around** the house! *¡Vete alrededor de la casa!*

Con las palabras que siguen, tú puedes contestar muchas preguntas relativas a **Where?** (¿Dónde?). Puedes usarlas solas, pero suenan mucho mejor cuando se encuentran dentro de una oración. ¡Sin estas localizaciones, estarás perdido!

| | | |
|---|---|---|
| *above* | [abáv] | encima |
| *against* | [aguénst] | contra |
| *along* | [aláng] | a lo largo de |
| *around* | [aráund] | alrededor de |
| *at the bottom* | [at de bátam] | al fondo de |
| *behind* | [bijáind] | detrás de |
| *between* | [bituín] | entre |
| *down* | [dáun] | abajo |
| *far* | [far] | lejos |
| *from* | [fram] | desde |
| *in front of* | [in front av] | en frente de |
| *inside* | [insáid] | adentro |
| *near* | [níer] | cerca |
| *on top of* | [an tap av] | encima de |
| *outside* | [áutsaid] | afuera |
| *over* | [óver] | sobre |
| *towards* | [toúrds] | hacia |
| *under; below* | [ánder; bilóu] | debajo de |
| *up* | [ap] | arriba |

## ¡ESCÓGELAS Y ÚSALAS!

- *I'm going to put it . . . .*   Voy a ponerlo . . . (adentro, arriba).
- *The office is . . . .*   La oficina está . . . (detrás, cerca).
- *The mouse is running . . . .*   El ratón está corriendo . . . (lejos, afuera).

**47. ¡APUESTO QUE SÍ PUEDES!**

*¿Qué significan estas palabras? ¡Traduce!*

**Go outside and look under that tree.**

**Your dog is running around my yard along the fence!**

**I go to the gas station near the school. It's between the hospital and the supermarket.**

*(Las respuestas están en la página 185.)*

# La Conexión #2

¡Se terminó el juego! Ya llegó el momento de que los principiantes se hagan a un lado. ¡Lo que viene es sólo para los expertos!

Ahora que ya conoces las palabras más importantes en inglés, vamos a combinarlas usando las técnicas que ya hemos visto. La clave es continuar formando grupos de palabras de la misma manera que lo hacemos en español pero sin miedo de cometer errores.

Aquí tienes una fórmula muy sencilla:

**Person + Action + Place + Time = A lot of English!**
la persona     la acción     el lugar     el tiempo

Lee cada palabra en voz alta:

**Robert     is working     at the store     now.**
Roberto     está trabajando     en la tienda     ahora.

Para dar una descripción en detalle, hazlo de una forma más elaborada. Ejemplos:

**My friend Bob is working at the new store today with Mary.**
Mi amigo Roberto está trabajando en la nueva tienda hoy con María.

**My American friends, Bob and Ed, aren't working a lot at the new store now, because they have classes every day.**
Mis amigos americanos, Roberto y Eduardo, no están trabajando mucho en la nueva tienda ahora, porque tienen clases todos los días.

¡Experimenta con mezclar el orden de las frases!

***I have a broken arm, and I can't play at the park with the other girls on Saturday.***

Tengo el brazo quebrado, y el sábado no puedo jugar en el parque con las otras muchachas.

¡O trata de formar una pregunta!

***Is your sister going to the store, and is she going to buy food for dinner and candy for the kids?***

¿Va tu hermana a la tienda, y va a comprar la comida para la cena y dulces para los niños?

¡No hay nada de lo que no puedas hablar!

***A fat elephant was bathing in the river yesterday, and was eating the plants under the water.***

Un elefante gordo estaba bañándose en el río ayer y estaba comiendo las plantas que estaban debajo del agua.

Cuando tú seas **excellent** combinando palabras en inglés, podrás sin ningún esfuerzo aplicar la regla de muchos, la regla del reverso, y la regla de combinar. Recuerda, cuanto más trates…¡mejor te saldrá!

Aplica la regla de combinar a los mandatos. Repasa los que ya hemos aprendido y añade algunas palabras extras:

> ***Go!*** ¡Vete!
> ***Go with Mary!*** ¡Vete con María!
> ***Go with Mary and work in the office!*** ¡Vete con María y trabaja en la oficina!

# ¡Sugerencias!

- Un cambio en el orden de las palabras no afecta mayormente el significado del mensaje.
- Cuando necesites detenerte un momento para poner tus pensamientos en orden, usa la frase, ***Wait a minute!*** [uéit a mínat] (¡Espera un minuto!).

# R.M.V.P. (Repetir, Murmurar, Visualizar y Pausar)

Mientras tu cadena de palabras en inglés va creciendo, vas a necesitar técnicas que te ayudarán a superar esos pequeños obstáculos que entorpecen la comunicación. En vez de abandonar una buena conversación, trata el método **R.M.V.P.**—*Repeat* (repetir), *Mumble* (murmurar), *Visualize* (visualizar) y *Pause* (pausar). Este sistema es excelente para mantener una línea de comunicación, así que apréndelo ahora mismo.

## *Repeat!* [ripít] (¡Repetir!)

Repetir lo que escuchas es una de las mejores maneras de adquirir un idioma mientras conversas. Escuchar y decir las palabras nuevas más de una vez (en vez de no hacer nada), hará que comprendas y hables mucho más rápido,

**Understand?**   *Yes, I* **understand!**

## *Mumble!* [mámbol] (¡Murmurar!)

Así de ridículo como parece, mientras estés aprendiendo el inglés, una manera segura de mantener tu parte en una conversación es murmurar o balbucear aquellas palabras, o parte de ellas, de las cuales tú no estás seguro. Es preferible combinar el inglés con Spanglish y hasta con tus propias "creaciones" de palabras que darte por vencido a mitad de una conversación.

## *Visualize!* [víschualais] (¡Visualizar!)

Al escuchar o al hablar, trata de visualizar la palabra desconocida en su forma escrita. Ya que en inglés las palabras no se pronuncian de la misma manera como se escriben, te será más fácil imaginarte la palabra como se escribiría en español.

¡Inténtalo y verás!

**book**　[buk]　＿＿＿＿＿＿＿＿＿＿＿＿＿＿＿
**table**　[téibol]　＿＿＿＿＿＿＿＿＿＿＿＿＿＿＿
**chair**　[cher]　＿＿＿＿＿＿＿＿＿＿＿＿＿＿＿

Además, muchas palabras son casi iguales en los dos idiomas:

**person** persona　　　**important** importante　　　**tennis** tenis

¿Sigues usando la otra técnica de visualización? Tampoco dejes de asociar las nuevas palabras con figuras. Aquí tienes algunas de mis favoritas:

> **library** (biblioteca)　se ve como *libro*
> **car** (coche)　se ve como *carro*
> **mirror** (espejo)　se ve como *mirar*

# *Pause!* [póas] (¡Pausar!)

En aquellos momentos de silencio forzado cuando tú estás desesperado tratando de recordar palabras y formas de responder...Con tono y gesto de distracción susurra estas palabras que te darán tiempo para pensar:

**Well ...** [uél]　pues ...　　　**O.K. ...** [oquéi]　bueno ...
**Uh ...** [aa]　este ...　　　**Let's see ...** [lets sí]　a ver ...
**What I mean is ...** [uát ái min is]　o sea ...

El uso de pausas en inglés es igual al uso de éstas en español. Pon dos o tres de ellas juntas:

> **Well...O.K....Let's see...!**　¡Pues...bueno...a ver!

## ¡VAMOS A REPASAR!

Usa estas palabras para contestar las siguientes preguntas. Mira el ejemplo:

> *after      always      before*
>
> **When is Christmas?**      *It is after Thanksgiving.*
>
> _____
>
> _____

> *at      near      next      to*
>
> **Where are you now?**      *I'm at my house.*
>
> _____
>
> _____

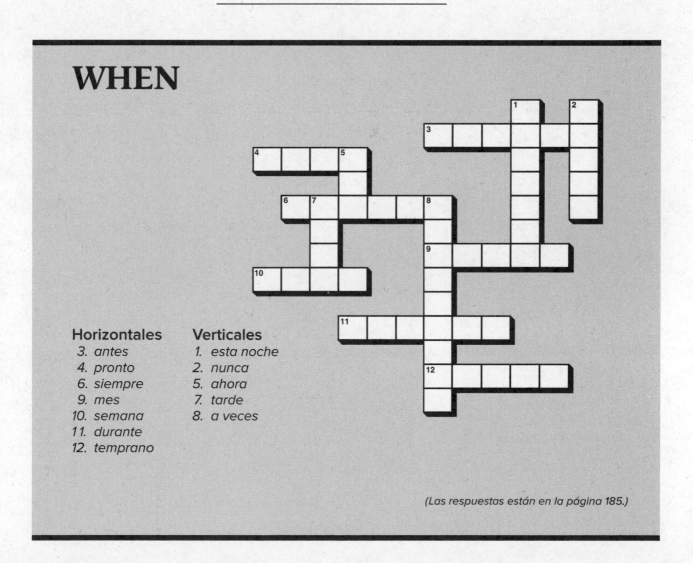

# WHEN

**Horizontales**
3. *antes*
4. *pronto*
6. *siempre*
9. *mes*
10. *semana*
11. *durante*
12. *temprano*

**Verticales**
1. *esta noche*
2. *nunca*
5. *ahora*
7. *tarde*
8. *a veces*

*(Las respuestas están en la página 185.)*

# 9

# Beyond the Basics

## [billónd de béisics]
## (Después de lo básico)

# Do You Want to Play?
# [du iú uántu pléi]
# (¿Quieres jugar?)

¡Muchas palabras suenan como el español!

A los norteamericanos, igual que a los latinos, les gustan los **sports** [esports] (deportes). El béisbol es el deporte más popular, así como para los latinos es el fútbol. También, a mucha gente le encanta el fútbol americano y el básquetbol. Hay docenas de deportes diferentes en el mundo, y siempre algún norteamericano que está mirando o hablando de uno de éstos. Muchos de los juegos de pelota son transmitidos por la televisión, el internet o la radio en inglés. Por lo tanto, en caso que quieras escuchar para practicar y mejorar tu entendimiento, lo siguiente te será útil:

| | | |
|---|---|---|
| **baseball** | [béisbal] | béisbol |
| **basketball** | [básquetbal] | baloncesto |
| **bowling** | [bóulin] | boliche |
| **boxing** | [bácsin] | boxeo |
| **diving** | [dáivin] | buceo |
| **extreme sports** | [ekstrím sports] | deportes extremos |
| **football** | [fútbal] | fútbol americano |
| **mixed martial    arts** | [mikst márchal    arts] | combinaciones de    artes marciales |
| **soccer** | [sáquer] | fútbol |
| **tennis** | [ténis] | tenis |
| **volleyball** | [válibal] | vóleibol |

Date cuenta que los latinoamericanos han adoptado muchas palabras "deportivas" del inglés, y sin variar mucho su pronunciación:

**golf**          **surfing**          **hockey**

Y aquí tienes unos deportes que son palabras de acción:

| | | |
|---|---|---|
| **biking** | [báiquin] | montar bicicleta |
| **fishing** | [fíchin] | pescar |
| **flying** | [fláiin] | volar |
| **hiking** | [jáiquin] | caminar |
| **horseback riding** | [jórsbac ráidin] | montar a caballo |
| **running** | [ránin] | correr |
| **sailing** | [séilin] | navegar |
| **skating** | [squéitin] | patinar |
| **skiing** | [squíin] | esquiar |

## ¡ESCÓGELAS Y ÚSALAS!

- *Do you like . . . ?*  ¿Te gusta . . . (el béisbol, el boliche)?
- *I don't understand . . . .*  No entiendo . . . (el baloncesto, el hockey).
- *. . . is good exercise.*  (Correr, El tenis) . . . es buen ejercicio.

¡Aprende estas frases campeonas!

| | |
|---|---|
| *Do you play?* | ¿Sabes jugar? |
| *Who won?* | ¿Quién ganó? |
| *Who lost?* | ¿Quién perdió? |
| *What's the score?* | ¿Cuál es el puntaje? |

¡Vas a ganar con estos vacablos!

| | | |
|---|---|---|
| *athlete* | [ádtlit] | atleta |
| *ball* | [bal] | pelota o bola |
| *champion* | [chámpion] | campeón |
| *coach* | [cóuch] | entrenador |
| *court* | [cort] | cancha |
| *equipment* | [icuípment] | equipo |
| *field* | [fild] | campo |
| *game* | [guéim] | juego |
| *gymnasium* | [chimnéisiam] | gimnasio |
| *helmet* | [jélmet] | casco |
| *match* | [match] | partido |
| *net* | [net] | red |
| *players* | [pléiers] | jugadores |
| *practice* | [práctis] | práctica |
| *racket* | [ráquet] | raqueta |
| *stadium* | [stéidiam] | estadio |
| *team* | [tim] | equipo |
| *uniform* | [iúniform] | uniforme |

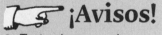 **¡Avisos!**

- *Trata de aprender más de estas frases y palabras con tus compañeros de deportes.*
- *Estudia la historia, los wpersonajes y las reglas de los deportes más populares en la ciudad donde vives. Aprende los nombres de los equipos profesionales en tu región. ¡La mayoría de los americanos ponen mucho énfasis en el deporte!*

### 48. ¡APUESTO QUE SÍ PUEDES!

*Contesta las siguientes preguntas:*

**Do you need a glove to play baseball?**

**Is there a net in tennis?**

**How many players are on a basketball team?**

*¡Conéctalas!*

| | |
|---|---|
| **stadium** | pelota |
| **net** | entrenador |
| **ball** | estadio |
| **team** | juego |
| **game** | red |
| **coach** | equipo |

*(Las respuestas están en la página 185.)*

# *My Favorite Hobby*
# [mái féivoret jábi]
# (Mi pasatiempo favorito)

Igual que en Latinoamérica, los **hobbies** [jábis] (pasatiempos) en los Estados Unidos son muy variados y cambian según sea el gusto de cada persona. Así que, ¿cuáles de estas palabras en inglés podrían ayudarte en tu tiempo libre?

| | | |
|---|---|---|
| **acting** | [áctin] | actuación |
| **antiques** | [antícs] | antigüidades |
| **cards** | [cards] | naipes o cartas |
| **checkers** | [chéquers] | juego de damas |
| **chess** | [ches] | ajedrez |
| **coins** | [cóins] | monedas |
| **concerts** | [cánserts] | conciertos |
| **drawing** | [dróin] | dibujo |
| **hanging out** | [jánguin áut] | estar con los amigos |
| **movies** | [múvis] | películas |
| **music** | [miúsic] | música |
| **painting** | [péintin] | pintura |
| **photography** | [fotágrafi] | fotografía |
| **poker** | [póquer] | póker |
| **puzzles** | [pásels] | rompecabezas |
| **reading** | [rídin] | lectura |
| **relaxing** | [riláksin] | ocio |
| **stamps** | [stamps] | estampillas |
| **traveling** | [trávelin] | viajes |
| **video games** | [video guéims] | videojuegos |

# *Play with Toys!* [pléi uíd tóis] (¡Juega con los juguetes!)

Además de los **games** [guéims] (juegos), todos crecemos jugando con juguetes. Los niños de todas las edades querrán saber los nombres en inglés de los artículos más comunes para el juego:

| | | |
|---|---|---|
| **action figure** | [ákchen fíguiur] | figura de acción |
| **airplane** | [érplein] | avión |
| **balloon** | [balún] | globo |
| **bicycle** | [báisecol] | bicicleta |
| **blocks** | [blacs] | cubos |
| **cartoons** | [cartúns] | caricaturas |
| **clay** | [cléi] | arcilla |
| **crayons** | [créllans] | gises |
| **dart game** | [dart guéim] | juego de dardos |
| **doll** | [dal] | muñeca |
| **foosball** | [fúsbol] | fútbol de mesa |
| **jokes** | [chocs] | chistes |
| **kite** | [káit] | cometa |
| **magic** | [máchic] | magia |
| **magnets** | [mágnets] | imanes |
| **marbles** | [márbels] | canicas |
| **robot** | [róbot] | robot |
| **scooter** | [escúter] | escúter |
| **skates** | [squéits] | patines |
| **skateboard** | [squéitbord] | patineta |
| **spaceship** | [spéichip] | nave espacial |
| **stuffed toy** | [staft tói] | animal de peluche |
| **toy soldier** | [tói sólcher] | soldado de juguete |
| **toy train** | [tói trein] | tren de juguete |
| **tricks** | [trics] | trucos |
| **truck** | [trac] | camión |
| **water pistol** | [uóter pístol] | pistola de agua |

La palabra **play** [pléi] también significa obra de teatro. Si te gusta el drama, tal vez puedas usar las siguientes palabras:

| | | | | |
|---|---|---|---|---|
| **frown** | [fráun] | ceño | **fun** | [fan] | diversión |
| **smile** | [smáil] | sonrisa | **tears** | [tirs] | lágrimas |
| **funny** | [fáni] | chistoso | **laughter** | [láfter] | risa |
| **comedy** | [cámedi] | comedia | **players** | [pléiers] | personajes |
| **tragedy** | [tráchedi] | tragedia | **stage** | [estéich]] | escenario |

En lugar de tocar música, se usa jugar música (play) con los musical instruments:

**I can play the . . .**    **piano.**        [piáno]      el piano.
Yo puedo tocar . . .     **violin.**       [vallalín]    el violín.
                         **guitar.**       [guitár]     la guitarra.
                         **saxophone.**    [sácsafon]   el saxofón.
                         **trumpet.**      [trámpet]    la trompeta.
                         **clarinet.**     [clerenét]   el clarinete.
                         **drum.**         [dram]       el tambor.
                         **trombone.**     [trambón]    el trombón.

## ¡ESCÓGELAS Y ÚSALAS!

- **My daughter wants . . . .**   Mi hija quiere . . . (una guitarra, el tambor).

- **I love . . . .**   Me encanta . . . (el clarinete, el piano).

- **Where can I buy a . . . ?**   ¿Dónde puedo comprar . . . (un violín, una trompeta)?

¡Nota cuantas palabras en inglés se parecen a las del español!

### 49. ¡APUESTO QUE SÍ PUEDES!

*Conéctalas:*

| | |
|---|---|
| **chess** | **stamps** |
| **jokes** | **checkers** |
| **comedy** | **drum** |
| **trumpet** | **tragedy** |
| **coins** | **tricks** |

*(Las respuestas están en la página 185.)*

## ¡VAMOS A REPASAR!

Escribe algunas palabras en inglés debajo de cada título:

| **Sports** | **Hobbies** | **Toys** | **Musical Instruments** |
|---|---|---|---|
| _____ | _____ | _____ | _____ |
| _____ | _____ | _____ | _____ |
| _____ | _____ | _____ | _____ |

# *This Is LOVE!* [lav] (amor)

Este libro estaría incompleto si no les mencionara las expresiones de amor más importantes en inglés. El romance está solamente a unas cuantas palabras de distancia:

| I'm . . . | *married.* | [mérid] | casado/casada. |
|---|---|---|---|
| Soy . . . | *single.* | [síngal] | soltero/soltera. |
| | *divorced.* | [divórst] | divorciado/divorciada. |
| | *widowed.* | [uídoud] | viudo/viuda. |
| | *separated.* | [sépareited] | separado/separada. |
| | *engaged.* | [enguécht] | comprometido/comprometida. |

## Frases potentes

| *I'm in love.* | [áim in lav] | Estoy enamorado. |
|---|---|---|
| *I love you.* | [ái láv iú] | Te amo. |
| *I miss you.* | [ái mis iú] | Te extraño. |
| *It's a promise.* | [ets a prámis] | Es una promesa. |
| *Did you enjoy it?* | [did iú enchói et] | ¿Te gustó? |
| *I had a nice time.* | [ái jad a náis táim] | Me divertí mucho. |
| *Can I see you later?* | [can ái si iú léiter] | ¿Puedo verte más tarde? |
| *Will you marry me?* | [uíl iú méri mi] | ¿Quieres casarte conmigo? |
| *Please call me.* | [plis cal mi] | Llámame, por favor. |

| *Would you like to . . .* | *dance?* | bailar? |
|---|---|---|
| ¿Quisieras . . . | *take a walk?* | dar un paseo? |
| | *go out with me?* | salir conmigo? |

## *What's He Like?*

| He's . . . | cute. | [quiút] | atractivo. |
|---|---|---|---|
| | dishonest. | [disánest] | deshonesto. |
| | faithful. | [féidtful] | fiel. |
| | handsome. | [jándsam] | guapo. |
| | healthy. | [jélti] | sano. |
| | honest. | [ánest] | honesto. |
| | jealous. | [chélas] | celoso. |
| | loud. | [láud] | ruidoso. |
| | mean. | [min] | cruel. |
| | responsible. | [rispánsabel] | responsable. |
| | romantic. | [romántic] | romántico. |
| | rude. | [rud] | descortés. |
| | sloppy. | [slópi] | descuidado. |
| | studious. | [stúdias] | aplicado. |
| | well-mannered. | [uelmánerd] | bien educado. |

Aquí tiene más palabras:

## *What's She Like?*

| She's . . . | beautiful. | [biútiful] | bella. |
|---|---|---|---|
| | friendly. | [fréndli] | amistosa. |
| | irresponsible. | [irrespónsibol] | irresponsable. |
| | lovely. | [lávli] | hermosa. |
| | nice. | [náis] | simpática. |
| | passionate. | [pásionet] | apasionada. |
| | pleasant. | [plésant] | agradable. |
| | pretty. | [príti] | bonita. |
| | shy. | [chái] | tímida. |
| | sincere. | [sincír] | sincera. |
| | stuck up. | [stac ap] | pretenciosa. |
| | very pretty. | [víri príti] | muy linda. |

## *What Can I Say?*
## [uát can ái séi]   (¿Qué puedo decir?)

| You're my . . . | baby. | [béibi] | bebé. |
|---|---|---|---|
| | darling. | [dárlin] | querido. |
| | lover. | [láver] | amante. |
| | love. | [lav] | amor. |
| | sweetheart. | [suítjart] | corazón. |

| honey. | [jáni] | dulce. |
| sugar. | [chúgar] | dulce. |
| sweetie. | [suíti] | dulce. |
| soul mate. | [sóulmeit] | alma gemela. |
| lady. | [léidi] | dama. |

## Más palabras útiles

- *Hugs* [jags] abrazos **OOO**
- *Kisses* [quíses] besos **XXX**

| *anniversary* | [anivérseri] | aniversario |
| *concert* | [cánsert] | concierto |
| *couple* | [cápol] | pareja |
| *date* | [déit] | cita |
| *movie* | [múvi] | película |
| *party* | [pári] | fiesta |
| *wedding* | [uédin] | boda |

### ¡ESCÓGELAS Y ÚSALAS!

- *He is so* . . . .   Él es tan . . . (celoso, romántico).
- *Yes, but she's very* . . . .   Sí, pero ella es muy . . . (cruel, tímida).
- *. . . , I love you.*   (Mi amor, Mi dulce), te quiero.
- *We met at* . . . .   Nos conocimos en . . . (un concierto, la fiesta).

 **¡Avisos!**

- *En inglés tanto enamorados como amigos usan la palabra* **you** *para decir* tú, usted *o* ustedes.
- *¡Escucha para aprender más expresiones que puedas usar! También observa con cuidado las diferentes costumbres que hay en Norteamérica. Conversa con tus amigos sobre ellas.*

---

### 50. ¡APUESTO QUE SÍ PUEDES!

*Lee la siguiente carta con mucha pasión, y contesta las preguntas:*

**My darling Susan,**

**I miss you very much. Thank you for last night. I had a nice time at the concert. You are beautiful and very nice. Would you like to go out with me on Saturday? Please call me tonight.**

**Hugs and kisses, Rafael**

1. **Who is beautiful and very nice?**

2. **Where did they go last night?**

3. **When would Rafael like to go out again?**

*(Las respuestas están en la página 185.)*

# ¡Bienvenidos a los Estados Unidos!

El lenguaje y la cultura son inseparables. Es importante entonces que estudiemos con mucho cuidado a la gente que habla el idioma inglés. ¿Quiénes son? . . . ¿De dónde vienen? . . . ¿Qué aprecian y cuáles son sus costumbres? Para entender la cultura norteamericana, lee sobre la historia de los Estados Unidos. Aprende quiénes son los héroes de los americanos y memoriza las fechas de sus fiestas importantes. Prueba sus comidas típicas. Escucha su música y mira su televisión. Si mantienes una mente abierta y una actitud positiva, podrás conocer mejor a tus nuevos amigos.

No es posible presentar toda la información que quisiéramos en este libro de inglés. Sin embargo, sí incluímos varios groups de vocabulario que introducen algunos aspectos interesantes de la cultura norteamericana.

## Más Temas Claves

Tómate el tiempo que quieras con las palabras en esta sección y recuerda que siempre encontrarás un norteamericano dispuesto a ayudarte si tienes algún problema. ¡Buena suerte!

## *Cars!*   (¡Los carros!)

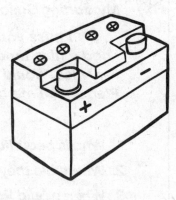

| *air* | [er] | aire |
|---|---|---|
| *battery* | [báteri] | batería |
| *belt* | [belt] | cinturón |
| *brakes* | [bréiks] | frenos |
| *bumper* | [bámper] | parachoques |
| *clutch* | [clatch] | embrague |
| *dashboard* | [dáchbor] | tablero |
| *engine* | [énchen] | motor |
| *gas* | [gas] | gasolina |
| *gauge* | [guéich] | indicador |
| *horn* | [jorn] | bocina |
| *lights* | [láits] | luces |
| *oil* | [óil] | aceite |

| | | |
|---|---|---|
| *seats* | [sits] | asientos |
| *shocks* | [chocs] | amortiguadores |
| *steering wheel* | [stírin uíl] | volante |
| *tank* | [tenc] | tanque |
| *tires* | [táirs] | neumáticos |
| *window* | [uíndou] | ventanilla |
| *windshield* | [uínchil] | parabrisas |
| *wipers* | [uáipers] | limpiaparabrisas |

# *Everyday Things* [everidéi zins] (Cosas para todos los días)

| | | |
|---|---|---|
| *battery* | [báteri] | pila |
| *cigarettes* | [cigaréts] | cigarrillos |
| *conditioner* | [condíchoner] | enjuague |
| *deodorant* | [diódorent] | desodorante |
| *envelope* | [énvelop] | sobre |
| *ink* | [ink] | tinta |
| *letter* | [léter] | carta |
| *lipstick* | [lipstick] | rojo de labios |
| *magazine* | [mágasin] | revista |
| *makeup* | [méicap] | maquillaje |
| *matches* | [mátches] | fósforos |
| *medicine* | [médicin] | medicina |
| *mouthwash* | [máusuach] | enjuague |
| *nail clippers* | [néilclipers] | cortauñas |
| *nail polish* | [néilpolich] | esmalte |
| *needle* | [nídel] | aguja |
| *newspaper* | [niúspeiper] | periódico |
| *pin* | [pin] | alfiler |
| *razor blades* | [réisor bléids] | navajas |
| *scissors* | [sísors] | tijeras |
| *shampoo* | [champú] | champú |
| *shaving cream* | [chéivin crim] | crema de afeitar |
| *soap* | [soup] | jabón |
| *stamp* | [stamp] | estampilla |
| *thread* | [tred] | hilo |
| *toilet paper* | [tóilet péiper] | papel higiénico |
| *toothbrush* | [túsbrach] | cepillo de dientes |
| *toothpaste* | [túspeist] | pasta de dientes |

## 51. ¡APUESTO QUE SÍ PUEDES!

*¡Conéctalas!*

| | |
|---|---|
| **magazine** | neumático |
| **thread** | sobre |
| **soap** | hilo |
| **tire** | periódico |
| **match** | aceite |
| **oil** | revista |
| **envelope** | fósforo |
| **newspaper** | jabón |

*(Las respuestas están en la página 185.)*

---

👉 **¡Avisos!**

- *Estudia:*
  $.01 = 1 ¢ **one cent**
  *(un centavo)*
  $.75 = 75 ¢ **seventy-five cents**
  *(75 centavos)*
  $2.25 = **two dollars and twenty-five cents**

- *¿Eres bueno en matemáticas?*
  + **add** *[ad]* sumar
  − **subtract** *[sabtrác]* restar
  × **multiply** *[móltiplai]* multiplicar
  ÷ **divide** *[diváid]* dividir
  = **equals** *[ícuals]* es igual

- *¿Y sabes las figuras geométricas?*
  **square**
    *[scuér] cuadrado*
  **triangle**
    *[tráengol] triángulo*
  **circle**
    *[círcol] círculo*

- *¡Contenedores!*
  **bag** *[bac]* bolsa
  **box** *[bacs]* caja
  **bottle** *[bátel]* botella
  **jar** *[char]* jarra
  **can** *[can]* lata

---

# $ Money [máni] (dinero)

¡Hablemos del dinero! Sería una buena idea que practiques este grupo de palabras tan útiles.

Primeramente, recuerda que hay 100 **cents** [cens] (centavos) en cada dólar americano. **$** es el signo para **dollars** [dálers] y ¢ es el signo para **cents** [cens].

**Value** [váliu] (valor)

| | | |
|---|---|---|
| $ .01 | **penny** | [péni] |
| $ .05 | **nickel** | [níquel] |
| $ .10 | **dime** | [dáim] |

**Coins** [coins] (monedas)

| | | |
|---|---|---|
| $ .25 | **quarter** | [cuárter] |
| $ .50 | **half-dollar** | [jaf dáler] |
| $1.00 | **dollar** | [dáler] |

**Bills** [bilz] (billetes)

| | | | |
|---|---|---|---|
| $ 1.00 | **one dollar** | $ 20.00 | **twenty dollars** |
| $ 5.00 | **five dollars** | $ 50.00 | **fifty dollars** |
| $10.00 | **ten dollars** | $100.00 | **one hundred dollars** |

## 52. ¡APUESTO QUE SÍ PUEDES!

*Conéctalas:*

| | |
|---|---|
| × | **add** |
| .05 | **dollars** |
| + | **nickel** |
| .01 | **quarter** |
| $ | **multiply** |
| .25 | **penny** |

*(Las respuestas están en la página 185.)*

# *Measure It!*  [méllur et]  (¡Mídelo!)

Generalmente, no se usa el sistema métrico en los Estados Unidos. Así que tendrás que aprender la manera más común de dicho país para medir las cosas. Habla con tus amigos de los significados de las siguientes palabras y practícalas cuando salgas de compras. También nota las abreviaturas de las medidas:

| | | | | | |
|---|---|---|---|---|---|
| **gallon** | [gálon] | *gal.* | **miles** | [máils] | *mi.* |
| **quart** | [cuárt] | *qt.* | **yards** | [iárds] | *yd.* |
| **pint** | [páint] | *pt.* | **feet** | [fit] | *ft.* |
| **pound** | [páund] | *lb.* | **inches** | [ínches] | *in.* |
| **ounce** | [áuns] | *oz.* | **teaspoons** | [tíspuns] | *tsp.* |

---

## ¡APRENDE LA DIFERENCIA ENTRE LOS DOS SISTEMAS!

### *Length (longitud)*
1 centimeter (centímetro) = 0.3937 inch (pulgada)
1 inch (pulgada) = 2.54 centimeters (centímetros)
1 foot (pie) = 30.48 centimeters (centímetros)
1 foot (pie) = 0.3048 meter (metro)
1 yard (yarda) = 0.9144 meter (metro)
1 meter (metro) = 1.093613 yards (yardas)
1 kilometer (kilómetro) = 0.621 mile (milla)
1 mile (milla) = 1.609344 kilometers (kilómetros)

### *Weight (peso)*
1 gram (gramo) = 0.353 ounce (onza)
1 ounce (onza) = 28.35 grams (gramos)
1 pound (libra) = 453.6 grams (gramos)
1 pound (libra) = 0.4563 kilogram (kilogramo)
1 kilogram (kilogramo) = 2.2046 pounds (libras)
1 American ton (tonelada americana) = 0.907 metric ton (tonelada métrica)
1 metric ton (tonelada métrica) = 1.1 metric tons (toneladas métricas)

### *Volume/capacity (volumen/capacidad)*
1 milliliter (mililitro) = 0.034 fluid ounce (onza fluida)
1 milliliter (mililitro) = 0.2 teaspoon (cucharadita)
1 fluid ounce (onza fluida) = 29.6 milliliters (mililitros)
1 teaspoon (cucharadita) = 5 milliliters (mililitros)
1 cup (taza) = 0.24 liter (litro)
1 quart (cuarto) = 0.95 liter (litro)
1 liter (litro) = 4.227 cups (tazas)

1 liter (litro) = 1.057 quarts (cuartos)

1 liter (litro) = 0.264 U.S. gallon (galón americano)

1 U.S. gallon (galón americano) = 3.785 liters (litros)

### Area (superficie)

1 square centimeter (centímetro cuadrado) = 0.155 square inch (pulgada cuadrada)

1 square inch (pulgada cuadrada) = 6.4516 square centimeters (centímetros cuadrados)

1 square foot (pie cuadrado) = 929 square centimeters (centímetros cuadrados)

1 acre (acre) = 0.405 hectare (hectárea)

1 hectare (hectárea) = 2.471 acres (acres)

1 square kilometer (kilómetro cuadrado) = 0.386 square mile (milla cuadrada)

1 square mile (milla cuadrada) = 2.59 square kilometers (kilómetros cuadrados)

## ¡Atención!

En inglés el signo & no se usa para significar *et cétera.*

## ¡Avisos!

- ¡Aprende la forma abreviada de tu estado!
- ¡Presta atención a estos otros ejemplos!

| | |
|---|---|
| Jan. | (January) |
| Sun. | (Sunday) |
| Apr. | (April) |
| Fri. | (Friday) |
| Aug. | (August) |
| Wed. | (Wednesday) |

# Otras abreviaturas útiles

En inglés, encontrarás numerosas **abbreviations** [abriviéchons]; es decir, las formas cortas para escribir ciertas palabras. He aquí varios ejemplos de las más comunes:

| | | |
|---|---|---|
| apt. | apartment | apartamento |
| etc. | et cetera | et cétera |
| ht. | height | estatura |
| wt. | weight | peso |
| D.O.B. | date of birth | fecha de nacimiento |
| S.S.# | social security number | número de seguro social |
| M/F | male or female | masculino o femenino |
| St. | street | calle |
| Ave. | avenue | avenida |
| yr. | year | año |
| mo. | month | mes |

Los significados de algunos de los signos que usamos para abreviar cambian un poco en inglés:

| | | |
|---|---|---|
| # | pounds; number | libras; número |
| & | and | y |
| % | percent | por ciento |

**53. ¡APUESTO QUE SÍ PUEDES!**

*Busca las respuestas para estas preguntas:*

**How many quarts are in a gallon?** _____

**How many ounces are in a pound?** _____

**How many feet are in a mile?** _____

*(Las respuestas están en la página 186.)*

*Escribe la palabra completa al lado de la forma abreviada:*

| | | | |
|---|---|---|---|
| **ht.** | _____ | **Dr.** | _____ |
| **U.S.A.** | _____ | **Ave.** | _____ |
| **Fri.** | _____ | **Apt.** | _____ |
| **&** | _____ | **St.** | _____ |
| **Aug.** | _____ | **Sun.** | _____ |

# *Survival Signs* [serváival sáins]
## (letreros para sobrevivir)

Para evitar problemas, presta atención a los letreros:

| | | |
|---|---|---|
| **CAUTION** | [cóchon] | cuidado |
| **CLOSED** | [clóusd] | cerrado |
| **DETOUR** | [detúr] | desviación |
| **DO NOT ENTER** | [du nat énter] | no entre |
| **DON'T WALK** | [dont uók] | no camine |
| **ENTRANCE** | [éntrans] | entrada |
| **EXIT** | [écsit] | salida |
| **FOR RENT** | [for rent] | se alquila |
| **FOR SALE** | [for séil] | se vende |
| **KEEP OUT** | [quip áut] | prohibido el paso |
| **NO LEFT TURN** | [no left tern] | no dar vuelta a la izquierda |
| **NO PASSING** | [no pásin] | no rebasar |
| **NO SMOKING** | [no smókin] | no fumar |
| **NO U TURN** | [no iú tern] | no dar vuelta en forma de "U" |
| **ONE WAY** | [uán uái] | circulación |
| **OPEN** | [open] | abierto |
| **OUT OF ORDER** | [áut av órder] | descompuesto |
| **PARKING** | [párquin] | estacionamiento |
| **PULL** | [pul] | jale |
| **PUSH** | [puch] | empuje |
| **RESTROOMS** | [réstrums] | servicio de baños |
| **R-R XING** | [réilroud crósin] | cruce de trenes |

## ¡Atención!

Es necesario poder leer y escribir un poco de inglés para vivir en los Estados Unidos. Nunca faltan formularios por llenar y papeles por traducir. Si no las practicas, estas tareas se te dificultarán. ¿Por qué no las intentas ahora mismo?

Aquí tienes otras sugerencias prácticas. Y no te olvides que mucha de esta información se encuentra en el internet:

- Lee los horarios de autobús, de tren o de avión.
- Estudia el mapa de la ciudad donde vives.
- Lee la información escrita que recibes de las compañías de servicio y teléfono.
- Obtén formularios y practica cómo llenarlos.
- Habla con un policía, bombero, doctor, o dentista para averiguar cómo proceder en caso de emergencia. Muchos de ellos proveen folletos escritos en español.
- Pregunta a alguien cómo se pagan los impuestos sobre ingresos al gobierno norteamericano.
- Visita una escuela pública, un colegio o una universidad para aprender más sobre el sistema escolar de los Estados Unidos.

| | | |
|---|---|---|
| **SLIPPERY** | [slíperi] | resbaloso |
| **SLOW** | [slóu] | despacio |
| **STOP** | [stap] | alto |
| **YIELD** | [yeld] | ceda el paso |

## The United States of America

¿Qué sabes tú acerca de los **United States?** Quizás has estudiado o te han dicho un poco sobre su historia o sus costumbres. Sin duda, ya entiendes la importancia de aprender tanto su idioma como algo de su cultura. Aunque el pueblo norteamericano es una mezcla de gente de distintos países, generalmente todo ciudadano entiende el significado de las siguientes palabras. Trata de aprenderlas con la ayuda de algún americano; anota brevemente la explicación que recibas:

**Abraham Lincoln** _____

**Congress** _____

**Fifty States** _____

**George Washington** _____

**Martin Luther King, Jr.** _____

**Thanksgiving** _____

**The American Flag** _____

**The Bill of Rights** _____

**The Civil War** _____

**The Constitution** _____

**The Declaration of Independence** _____

**The Fourth of July** _____

**The National Anthem** _____

**The Pilgrims** _____

**The Pledge of Allegiance** _____

*The President* _____

*The Revolutionary War* _____

*The Statue of Liberty* _____

*Washington, D.C.* _____

## ¡Un consejo práctico!

Para entender mejor a la gente norteamericana, ve a lugares donde enseñan las danzas y la música tradicional de ellos. Lee libros para niños que traten de sus cuentos folklóricos. Participa en sus celebraciones. Aprende los nombres de los lugares más famosos de los Estados Unidos.

## My Name Is . . .

A muchos inmigrantes les gusta traducir sus nombres al inglés, o por lo menos quieren saber cómo se dicen. He aquí una lista corta e informal que puedes usar. Pregúntale a un americano cómo se pronuncian:

| (masculino) | **Male** | (femenino) | **Female** |
|---|---|---|---|
| Alfredo | **Al** | Alicia | **Alice** |
| Carlos | **Charlie** | Ana | **Ann** |
| Eduardo | **Ed** | Anita | **Nancy** |
| Esteban | **Steve** | Bárbara | **Barb** |
| Francisco | **Frank** | Carolina | **Carol** |
| Guillermo | **Bill** | Catalina | **Kathy** |
| Jaime | **Jim** | Débora | **Debbie** |
| Jorge | **George** | Elena | **Helen** |
| José | **Joe** | Isabel | **Liz** |
| Juan | **John** | Juana | **Jane** |
| Marcos | **Mark** | Lina | **Lynn** |
| Miguel | **Mike** | Margarita | **Marge** |
| Pedro | **Pete** | María | **Mary** |
| Ricardo | **Rick** | Marta | **Martha** |
| Roberto | **Bob** | Sara | **Sally** |
| Tomás | **Tom** | Susana | **Sue** |

No te olvides que algunos nombres se escriben igual en inglés y en español, aunque la pronunciación es diferente:

| | | | |
|---|---|---|---|
| **David** | [déivid] | **Gloria** | [glória] |
| **Samuel** | [sámiul] | **Linda** | [linda] |
| **Daniel** | [dániel] | **Virginia** | [verchínia] |

**¡VAMOS A REPASAR!**

**1.** Practica la siguiente conversación con un amigo.

*I'm in love!*                                  *What happened?*
*His name is George. He's very*
*    handsome and well-mannered,*
*    and very romantic!*                      *Who is he?*
*He's my brother's friend.*                  *No!*

**2.** ¿Entiendes?
*My car is in the garage. I have problems with the clutch*
*    and the engine, and the tires need air. The brakes are*
*    O.K., but the battery is old and dirty.*

**3.** Busca estos letreros
cerca de tu casa hoy:

SPORTS

Busca estas palabras y
haz círculos alrededor
de ellas.

tennis
swimming
basketball
golf
gymnasium
coach
net
score
win
field
court
team
baseball
running
play

| | | | | | | | | | | | | | | | | |
|---|---|---|---|---|---|---|---|---|---|---|---|---|---|---|---|---|
| A | C | A | K | N | C | E | B | G | N | E | C | V | F | B | N | H | I | X | M |
| O | Y | O | T | N | I | W | U | A | E | R | N | E | N | F | J | E | E | T | M |
| K | I | Y | A | G | Y | M | N | A | S | I | U | M | N | D | S | T | Y | M | E |
| E | N | D | N | K | H | H | J | E | W | K | R | N | I | E | F | S | S | E | E |
| H | S | P | F | M | S | O | E | I | I | H | E | C | N | U | I | W | Y | L | M |
| M | C | B | S | I | U | M | O | L | M | N | P | T | R | I | H | P | H | E | W |
| M | O | T | N | Z | R | S | N | P | M | R | O | L | B | O | N | R | N | V | O |
| K | R | N | H | I | X | M | E | R | I | S | M | T | A | A | E | G | P | Q | Z |
| E | E | N | A | E | H | Q | E | W | N | D | T | R | S | Y | L | O | I | R | L |
| T | E | J | A | H | C | E | Q | E | G | F | T | C | E | B | X | L | F | N | H |
| F | D | R | X | G | S | Q | U | U | J | E | I | H | B | S | W | F | K | E | B |
| R | T | E | S | Z | E | E | I | E | N | F | T | E | A | V | O | D | F | N | V |
| H | V | C | Q | C | R | E | E | G | X | R | B | H | L | C | S | N | P | H | M |
| R | I | J | X | H | I | E | P | S | M | E | C | P | L | D | U | E | E | L | Q |
| C | H | W | T | B | E | Z | T | C | I | A | S | E | M | K | X | C | R | N | A |
| U | E | R | E | C | R | D | S | D | O | F | E | E | S | L | M | Z | J | E | T |
| E | Q | E | R | N | D | A | S | C | L | U | I | E | K | A | X | T | J | P | L |
| O | M | M | S | K | I | N | F | A | K | R | R | C | E | M | T | V | U | O | H |
| M | I | C | P | S | R | E | G | E | F | E | W | T | R | O | Q | P | J | U | S |
| C | N | D | N | P | I | Q | V | B | V | P | K | X | N | P | I | D | A | A | K |

*(Las respuestas están en la página 186.)*

# 10

# The Last Words

## [de last uérds]
## (Las últimas palabras)

# Let's Talk About Language (Hablemos acerca del lenguaje)

Llegará el momento en tu aprendizaje cuando te verás forzado a usar aquellas palabras que se encuentran en un libro de texto. Los vocablos siguientes serán muy valiosos cuando decidas tomar una clase de inglés:

| | | |
|---|---|---|
| *adverb* | [ádverb] | abverbio |
| *capital letter* | [cápital léter] | mayúscula |
| *chapter* | [chápter] | capítulo |
| *conjugation* | [canlluguéchon] | conjugación |
| *dialog* | [dáialog] | diálogo |
| *example* | [ecsámpol] | ejemplo |
| *exercise* | [écsersais] | ejercicio |
| *grammar* | [grámer] | gramática |
| *homework* | [jómuerk] | tarea |
| *language* | [lánguach] | lenguaje |
| *lesson* | [léson] | lección |
| *lowercase letter* | [lóuerqueis léter] | minúscula |
| *meaning* | [mínin] | significado |
| *method* | [mézod] | método |
| *noun* | [náun] | sustantivo |
| *page* | [péich] | página |
| *practice* | [práctis] | práctica |
| *pronoun* | [prónaun] | pronombre |
| *pronunciation* | [pronanciéchon] | pronunciación |
| *question* | [cuéschon] | pregunta |
| *reading* | [rídin] | lectura |
| *review* | [reviú] | repaso |
| *sentence* | [séntens] | oración |
| *sounds* | [sáunds] | sonidos |
| *speech* | [spich] | hablar |
| *structure* | [strákchur] | estructura |
| *study* | [stádi] | estudio |
| *subject* | [sábllect] | sujeto |
| *symbol* | [símbol] | símbolo |

| | | |
|---|---|---|
| *test* | [test] | examen |
| *verb* | [verb] | verbo |
| *vocabulary* | [vocábiuleri] | vocabulario |
| *voice* | [vóis] | voz |
| *word* | [uérd] | palabra |
| *writing* | [ráitin] | escritura |

Repite:

- *I need more practice and review!*   ¡Necesito más práctica y repaso!

- *I don't like tests and homework!*   ¡No me gustan los exámenes y las tareas!

- *I understand the meaning of the vocabulary!*
  ¡Comprendo el significado del vocabulario!

# *Practice, Practice, Practice . . .* (¡La práctica!)

Anteriormente, la práctica para aprender un idioma extranjero requería el uso de ejercicios gramaticales, memorización de diálogos y horas de instrucción audiovisual en un laboratorio de idiomas. Afortunadamente para ti, en la actualidad, las técnicas de aprendizaje han mejorado.

## Aprendiendo: *Vocabulary*

- **¡Usa los mandatos!** Combínalos con los nombres de las cosas que quieras aprender. Usa objetos reales o figuras. Haz que un amigo te de órdenes para tocar o mover cualquiera de las cosas que estás interesado en aprender.

- **Entrevista** a personas que hablan inglés. Haz una lista de objetos relacionados con los deportes o las comidas, y pregunta a diferentes personas qué es lo que les gusta o disgusta. Usa una pregunta como *Do you like...?*, y revisa las respuestas.

- **Colecciona** libros infantiles en inglés, libros de colorear y juguetes. Ya que tú eres como un niño en este nuevo idioma, es muy importante que tengas mucho contacto visual con las nuevas palabras. Cuando leas, señala cada figura y dila en inglés. ¡Esta actividad es muy divertida para hacerla en compañía de un niño!

- **Graba** *una conversación.* Pídele a una persona que hable inglés como idioma nativo que lea en voz alta una lista de palabras que tú necesites saber y grábala. Hazlo con diferentes personas para que puedas escuchar las diferentes pronunciaciones y dialectos. Al principio, sólo preocúpate por el vocabulario que vas a usar todos los días. Ofrece grabar una conversación en español a esas personas que te ayuden.

- **Dibuja** figuras de objetos de diferentes categorías, y luego ponles nombre. Para aquél que no pueda dibujar, busca imágenes en el internet.

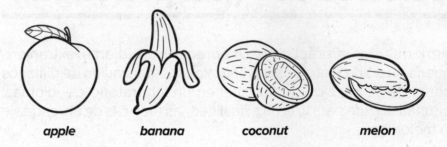

*apple*      *banana*      *coconut*      *melon*

• **¡Sé creativo!** *Practica las palabras descriptivas haciendo dibujos. Mira estos dos ejemplos:*

| **monstruo extraño** | **persona de mis sueños** |
|---|---|
| *very fat* | *very rich* |
| *four arms* | *black hair* |
| *three eyes* | *very intelligent* |
| *big ears* | *tall* |
| *two necks* | *long legs* |

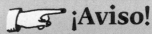

**¡Aviso!**

*Si tú tienes el tiempo de hacerlo, corta las palabras de vocabulario en las páginas de tu libro y haz un juego de BINGO o de CONCENTRACIÓN. (¡Será diversión para toda la familia!)*

## Aprendiendo: *Conversation*

El mejor consejo que les puedo ofrecer a aquellos que quieran experimentar con una charla en inglés es: ¡Háganla! Sin embargo, para practicar una conversación cuando estés solo, aquí tienes dos sugerencias que te ayudarán:

• Un juego divertido es el de borrar las palabras en las tiras cómicas y luego crear tus propias respuestas en inglés que tengan relación con lo que está pasando en las figuras. Usa cualquiera de los vocablos que ya conoces. ¡Escríbelos o dilos en voz alta!

• En un papel, escribe un diálogo creado por ti; uno que vayas a necesitar y que puedas usar frecuentemente. Con unas tijeras, corta cada una de las frases, y luego mézclalas. Practica con poner las frases en orden nuevamente a manera que se entienda el sentido.

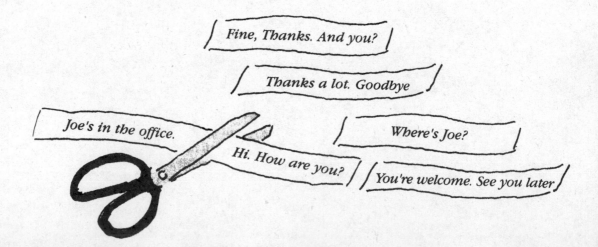

# Aprendiendo: *Action*

La mejor manera de adquirir palabras de acción es pidiéndole a una persona que te de *órdenes* para hacer algo. Al tú ejecutar lo que se te está ordenando, entenderás mejor el significado de la palabra. Otro método efectivo es el de *hacer carteles* para usarlos como ayuda visual al hablar de lo que está pasando. Es muy fácil crear estos cuadros. Solamente necesitas un poco de papel, algunas revistas, pegamento, y tijeras. Usa el modelo que ilustramos a continuación, o crea tus propios diseños. ¡Da vuelo a tu imaginación! Haz que participen tus familiares y amigos.

He aquí un cartel que te ayudará a aprender las formas afirmativas y negativas así como las preguntas.

Pruébalo con la palabra **eating** (comiendo). "Lee" las ilustraciones en combinación con nuestra palabra de acción, y después con cualquiera otra que tú quieras ensayar:

> ## ¡Atención!
>
> Las tiras cómicas son excelentes para este tipo de actividad. Las personas más diligentes pueden también cortar y pegar en una cartulina o papel cualquiera de las fotos de personas en movimiento que se encuentran en las revistas. Evita el uso de la computadora si puedes.

| | Yes | No | ? |
|---|---|---|---|
| a. | | | |
| b. | | | |
| c. | | | |
| d. | | | |

a.  I'm not **eating** apples.
b.  She is **eating** bananas.
c.  Are they **eating** oranges?
d.  We _____ _____ _____ _____.
          *(not)*                                 *(hamburgers)*

Y la historieta ilustrada que aparece aquí es para las superestrellas que ya conocen muchas de las palabras de acción. Mira cada uno de los dibujos y di qué es lo que está pasando…

Cuando seas muy hábil con el inglés, te será muy fácil mirar esta historieta y contestar preguntas, tales como *¿Qué pasó ayer? o ¿Qué ha pasado?*. ¡Sigue adelante! No estás muy lejos de lograrlo.

## Aprendiendo: *Grammar*

Como sucede en todos los idiomas, en el inglés la estructura gramatical se adquiere en forma natural, a través de los errores y la práctica. Por eso es que cuando los niños dicen sus primeras frases se oyen tan graciosos. Es bueno saber que toma años de cometer errores (y múltiples horas de instrucción en un salón de clase) para uno adquirir la capacidad de responder usando la gramática apropiada. Afortunadamente, para el estudiante de un segundo idioma existe un método más corto: la lectura. Los estudios demuestran que ésta es una forma rápida y agradable de adquirir un nuevo idioma, ya que permite descubrir reglas básicas de la gramática inglesa. Parece ser que cuando los latinos leen regularmente cualquier material simple e interesante en inglés su conversación en el nuevo idioma mejora, y el uso de su gramática es correcto la mayor parte del tiempo.

Lo que sigue es una pequeña *story* que muestra la información presentada en este libro. Antes de leerla, repasa los capítulos más difíciles. Luego lee todo el cuento. Después, revisa los capítulos por tercera vez para ver si los has entendido.

### A Story [a stóri] (una historia)

I'm <u>Tony</u>. I'm very <u>happy</u>. I am <u>28</u> years old and I don't have many <u>problems</u>. I'm working for a big company in the United States with many of my <u>friends</u>. I like my job. I like my family, too. We are from <u>Mexico</u>. I live with my <u>wife</u>, my <u>kids</u>, my <u>mother</u> and my <u>grandfather</u>. Our house is big. It has four bedrooms, <u>three</u> bathrooms, a big <u>kitchen</u> and a living room. But there is no garage. It's a problem because I have a <u>new</u> car. It's a <u>white</u> Toyota.

My <u>wife</u> and my mother are working today at a <u>restaurant</u>. They are very <u>happy</u> there. My kids go to public school. They are very intelligent. They are studying <u>English</u>. My <u>grandfather</u> isn't working because he has problems with his <u>back</u>.

On <u>Monday</u>, I'm not going to work. I'm preparing everything for a trip to Mexico. Every <u>December</u> my family has a big party at our farm near <u>Mexico City</u>. The farm is in the <u>mountains</u>, and we need to buy special <u>clothing</u> and <u>food</u>. I have to work extra hours to pay for the trip. Today I am working overtime.

Cuentos como el anterior son un buen método para aprender más vocabulario y gramática. Una técnica muy común que se emplea con este tipo de ejercicio es la de reemplazar las palabras que se encuentran subrayadas. Por lo tanto: *quita esas palabras y llena los espacios con el vocabulario apropiado*. Haz lo mismo con las palabras de acción. Esta clase de práctica parece ser más efectiva cuando los cuentos relatan experiencias personales de la vida diaria.

# Some Questions for You (Unas preguntas para ti)

Aquí tienes unas preguntas de uso diario que es muy importante que entiendas. **Please**, contesta con frases cortas, ya sea que las escribas o las hables en voz alta:

**How are you?**
**What's your name?**
**What's your telephone number?**

*Lo siento. Tendrás que buscar y revisar tus respuestas sin ayuda. Cuando termines, repásalas con tus familiares y amigos.*

*What's your e-mail address?*
*Whose book is this?*
*Do you have a car?*
*What time is it?*
*What day is it?*
*What's the weather like?*
*What are three parts of the human body?*
*How many sisters do you have?*
*Who's your doctor?*
*Is your house big?*
*Where is your bed?*
*Are you from the United States?*
*Are you hungry?*
*How old are you?*
*What are you doing now?*
*What is your family doing?*
*When do you speak English?*
*Who is your favorite person?*

Ahora, otras preguntas que no son tan fáciles como las anteriores. ¡Cuidado con tus respuestas!

*Do you know much English?*
*Where are you going tomorrow?*
*Do you wash your hands every day?*
*Who was the first president of the United States?*
*Where were you last night?*
*Would you like to go to Disneyland?*
*Are you afraid of black cats?*
*Can you play football?*
*Did you study English last year?*
*Do you use the internet much?*
*Are there trees near your house?*

# Unos secretos para el éxito

- *Respeta y sé consciente* de las diferencias culturales.

- Acostúmbrate a usar *el inglés* regularmente.

- *Memoriza vocabulario* nuevo cada día usando cualquier método de aprendizaje que te guste.

- *Experimenta*, arriésgate y adivina cuando no estés seguro.

- *Sigue las prácticas* y actividades mencionadas en esta guía de instrucción en inglés. Este libro te ofrece sólo una base de lo que será toda una experiencia para aprender un nuevo idioma. Siempre *pregunta y escucha con atención*, esto te ayudará a construir tu nuevo lenguaje.

- *Trata de relajarte* antes de lanzarte a aprender y hablar. Sigue los consejos de tu libro favorito sobre la cura para el ***stress*** (tensión).

- *No te detengas a traducir* en medio de una conversación. Mientras estés escuchando, *concéntrate primero en el tema* o contenido, así obtendrás siquiera una idea de lo que te están diciendo.

- Si tú eres una persona emprendedora, a quien le gustan las actividades sociales y la diversión, te será mucho más fácil aprender. Siempre es mejor *mantener una actitud informal y tranquila*.

- Cuando te encuentres en una situación vergonzosa, confundido y sin recordar como decir algo en inglés, *confía en estas frases* como ayuda:
  - ***I'm sorry.***   [áim sári]   Lo siento.
  - ***I don't remember the word.***   [ái dont rimémber de uérd] No recuerdo la palabra.
  - ***I'm studying English.***   [áim stádiin ínglech] Estoy estudiando inglés.

- Por favor, di ***please***. El inglés te llevará muy lejos si *usas la cortesía*. Cuanto más respetuoso seas, más inglés aprenderás. Practica mucho tus "buenas maneras". ¡Y siempre *sé sincero!*

- ¡Sé paciente! Yo sé lo que significa estar ocupado. Pero la vida es muy corta para dejar pasar las pocas oportunidades que se nos presentan. Créeme, *usa todos tus momentos libres para practicar* el inglés, o luego te arrepentirás de no haberlo hecho.

- El inglés y las costumbres entre los norteamericanos pueden variar de ciudad en ciudad. Por eso es importante que *estés atento a las diferencias entre las personas* que vas conociendo. ¡Trata de volverte un experto en adivinar de que región vienen!

# Cosas para recordar

- Las palabras en inglés **no se pronuncian de la misma manera que están escritas.**

- **La cultura norteamericana tiene costumbres muy diferentes** y una manera de socializar "extranjera" que poco a poco irás entendiendo.

- **Vas a encontrar diferencias entre las dos gramáticas;** así como la regla del reverso y la regla de muchos.

- Aunque muchas palabras y frases en inglés suenan igual, **no tienen el mismo significado**.

- El mejor método para aprender inglés es el de **conversar con los norteamericanos**. Aunque no es fácil, trata de hacerlo.

- El inglés está lleno de expresiones que **no pueden ser traducidas palabra por palabra.**

- Muchos de **los americanos hablan el inglés muy rápido** y no pronuncian las palabras claramente, lo cual te puede dificultar el aprendizaje. Ten paciencia.

- En inglés, **el sonido de la última letra** en cada palabra es muy importante.

- El alfabeto, los acentos, las mayúsculas, la puntuación y otras **formas de escritura cambian en los dos idiomas**. Si quieres tener éxito en los Estados Unidos, debes aprender a leer y a escribir en inglés.

- El estudio de la gramática avanzada requiere **la memorización de cientos de verbos** o palabras de acción.

De ti depende cuanto inglés puedas llegar a entender y a hablar más adelante. Espero que esta guía tan fácil de seguir haya hecho que tu experiencia al aprender un nuevo idioma sea mucho más agradable y libre de las presiones que te puede dar un programa de aprendizaje tradicional. Probablemente, en este momento ya habrás descubierto como usar este libro de la mejor manera para conseguir los mejores resultados. ¡Usa *Inglés para Latinos* de la forma que tú quieras! Hazlo a tu propio ritmo, tómate el tiempo que necesites, y lee nuevamente sólo esas páginas que sean de más interés para ti. Te garantizo que algo de conocimiento adquirirás.

Your teacher and friend,

*Bill*

# Apéndice
## *Respuestas de*
## ¡APUESTO QUE SÍ PUEDES!

**SIMPLE ENGLISH WORDS** (p. 8)

SIMPLE ENGLISH WORDS

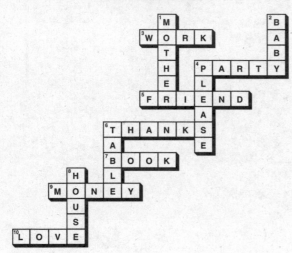

**1.** (p. 16)

| hombre | teléfono | agua |
| carro | casa | mujer |

**work**—trabajo
**bathroom**—baño
**child**—niño
**friend**—amigo
**food**—comida

**same**
**nothing**
**last**
**none**

**2.** (p. 21)
**I'm Puerto Rican.**
**What's your phone number?**
**Who's the president?**

**3.** (p. 24)
tres plumas amarillas
seis mesas negras
dos libros verdes
nueve sillas rojas
cinco lápices azules

Ese es un escritorio negro y grande.
Este papel es blanco y bueno.
Esos siete cuadernos son anaranjados.

**COLORS** (p. 24)

COLORS

| | |
|---|---|
| edr | red |
| bleu | blue |
| ngeer | green |
| lyelwo | yellow |
| lkacb | black |
| nrbwo | brown |
| ihtew | white |
| yrag | gray |
| rplupe | purple |
| gnroae | orange |

**4.** (p. 29)
El Sr. Sanchez es el maestro.
El Sr. Sanchez es un maestro.

Este es un libro.
Este es el libro.

¿Dónde está la mesa?
¿Dónde está una mesa?

a
an
an
a
an
a
a
a
an

**5.** (p. 36)
¿Cómo te llamas?
¿Cuál es tu dirección?
¿Cuál es tu número de teléfono?
¿Cuál es tu nacionalidad?
¿Qué pasa?

**6.** (p. 39)
¿Cuántas sillas azules?
¿Cuántos carros grandes y negros?
¿Cuántas casas verdes?
¿Cuánta soda?
¿Cuánto dinero?
¿Cuánto tiempo?

**7.** (p. 41)

| | |
|---|---|
| **Where?** | Guatemala |
| **When?** | 2:30 |
| **How much?** | $5.00 |
| **How many?** | Nine books |
| **What color?** | Red |
| **Why?** | Because it's important! |
| **Who?** | Mary |

**8.** (p. 44)

| | |
|---|---|
| **He** | John |
| **She** | Maria |
| **It** | a book |
| **They** | six pens |
| **We** | you and I |

¿Qué? ¿Cómo? ¿Cuál? ¿Dónde?
    ¿Cuándo?
¿Cuántos? ¿Cuánto? ¿Por qué? ¿Quién?
    ¿De quién?

## QUESTION WORDS (p. 46)

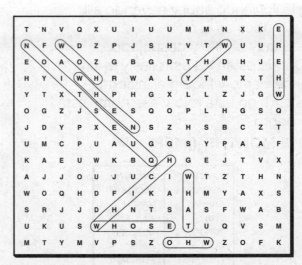

**9.** (p. 51)
Ella tiene veinticinco años.
Este es mi tercer libro.
Mi número de teléfono es cinco-uno-
    siete-seis-nueve-cuatro-ocho.

**twenty-six**
**three thousand**
**nineteen**
**5th**

**10.** (p. 53)

| | |
|---|---|
| | **1:10** |
| **32** | **9:55** |
| **91** | **12:00 a.m.** |
| **400** | **2:00 p.m.** |
| **7,000** | **8:00 a.m.** |
| **5,000,000** | **4:00** |
| **0** | **3:30** |

**11.** (p. 56)

| | |
|---|---|
| **Tuesday** | martes |
| **June** | junio |
| **Friday** | viernes |
| **December** | diciembre |
| **summer** | verano |
| **Thursday** | jueves |
| **January** | enero |
| **winter** | invierno |
| **meeting** | reunión |

**12.** (p. 58)

Está lloviendo aquí y nevando allí.

Hay nubes en el cielo.

Está muy bonito y despejado.

¿Dónde están las estrellas y la luna?

Hace viento y frío en el invierno.

Este fuego está rojo y ese humo está negro.

## THE MONTHS (p. 58)

| | |
|---|---|
| YAUANRJ | JANUARY |
| MEECDRBE | DECEMBER |
| CRHMA | MARCH |
| JYUL | JULY |
| TOROCBE | OCTOBER |
| EUNJ | JUNE |
| FURAREBY | FEBRUARY |
| EPTBMESRE | SEPTEMBER |
| RAPIL | APRIL |
| USUTGA | AUGUST |
| AYM | MAY |
| VMBNREEO | NOVEMBER |

**13.** (p. 61)

Ese es el carro de Tom.

Estos son buenos.

Es el diez de septiembre.

Cinco y cinco son diez.

Son las ocho y media de la noche.

Hay un problema.

Hay problemas.

**is**

**are**

**are**

**is**

**are**

**is**

**are**

**is**

**are**

**is**

**is**

**14.** (p. 65)

cabeza

nariz

hombro

estómago

cuello

pie

pierna

rodilla

**15.** (p. 66)

Los paramédicos están en la ambulancia.

Tiene dolor en el codo.

Él tiene cortaduras y sangre en los brazos.

nose, mouth, eyes, ear

**16.** (p. 70)

**wife**

**grandmother**

**girl**

**girlfriend**

**mother**

**daughter**

**sister**

**aunt**

| | |
|---|---|
| **cousins** | primos |
| **buddies** | compañeros |
| **children** | niños |
| **parents** | padres |
| **nobody** | nadie |
| **people** | gente |
| **married** | casado |
| **teenager** | adolescente |
| **mom** | mamá |
| **partner** | socio |

**17.** (p. 73)

La Sra. Davis es una buena abogada.

Ese maestro está muy ocupado.

Mi hermana es una estudiante de inglés.

Aquellos atletas son amigos de Marcos.

Hay cinco meseros en el restaurante.

¿Por qué está aquí el policía?

¿Dónde está el gerente de los departamentos?

Miguel y Jorge son mis mecánicos.

| | |
|---|---|
| **soldier** | soldado |
| **nurse** | enfermero |

| | |
|---|---|
| **cashier** | cajero |
| **writer** | escritor |
| **firefighter** | bombero |
| **gardener** | jardinero |
| **maid** | criada |

**18.** (p. 74)

The secretary and the boss are at the meeting.

The teacher and the student are at the computer.

The lawyer and the clerk are at the office.

The manager and the engineer are at the factory.

The doctor and the nurse are at the machine.

Where are the schedules and the forms?

Where are the paychecks and the time cards?

**19.** (p. 79)

| | | | | |
|---|---|---|---|---|
| **big** | little | **weak** | débil |
| **pretty** | ugly | **easy** | fácil |
| **thin** | fat | **full** | lleno |
| **hot** | cold | **crazy** | loco |
| **old** | new | **cheap** | barato |
| **hard** | soft | **strong** | fuerte |
| **clean** | dirty | **poor** | pobre |
| **good** | bad | | |
| **short** | long | | |

## THE FAMILY (p. 79)

**20.** (p. 83)

La alfombra y cortinas nuevas son negras y rojas.

¿Dónde están los gabinetes y tocadores grandes?

El horno y la estufa están muy sucios.

¿Cuántas puertas y ventanas hay (están) en la casa?

Hay muchas escobas y trapeadores en el gabinete.

**21.** (p. 89)

| | |
|---|---|
| **bank** | banco |
| **church** | iglesia |
| **factory** | fábrica |
| **cinema** | cine |
| **library** | biblioteca |
| **store** | tienda |
| **dishes** | **silverware** |
| **garden** | **yard** |
| **cement** | **brick** |
| **nail** | **hammer** |
| **house** | **home** |
| **pan** | **pot** |
| **college** | **school** |

**22.** (p. 92)

**airport.**

**restaurant.**

**at the gas station/garage.**

**They're at the zoo.**

**23.** (p. 94)

| | |
|---|---|
| **Spanish** | **Spain** |
| **European** | **Europe** |
| **English** | **England** |
| **Japanese** | **Japan** |
| **Irish** | **Ireland** |
| **German** | **Germany** |
| **French** | **France** |
| **Italian** | **Italy** |

**24.** (p. 97)

Esos chivos son muy feos.

Ese camello es grande y pardo.

¿Dónde están los perros y gatos pequeños?

Hay muchos insectos en las flores.
¿Cuántas moscas hay en la cocina?
Los puercos gordos están en el lodo.
Mi nuevo caballo está en el patio.
Los dos patos blancos están en el agua.
Las vacas y ovejas están en el pasto
    alto.
Las hormigas negras están en las ramas
    del árbol.

**25.** (p. 98)

**There are elephants and monkeys in
    the jungle.**

**There are snakes and camels in the
    desert.**

**There are ducks and fish in the lake.**

**There are pigs and chickens on the
    farm.**

**There are dogs, cats, and birds in the
    house!**

**26.** (p. 100)

**C**
**A**
**B**

**27.** (p. 102)

| | |
|---|---|
| Los tenedores y las cucharas están en la mesa. | ¿Pero dónde están las servilletas blancas? |
| Están en la cocina. | ¿Qué es eso? |
| Es una lata de maíz. | ¿Dónde está la lechuga? |
| En el refrigerador. | ¿A qué hora es la cena? ¡Tengo hambre! |
| A las seis. | ¡Qué bueno! |

| | |
|---|---|
| **bottle** | botella |
| **bowl** | plato hondo |
| **cup** | taza |
| **bag** | bolsa |
| **tablecloth** | mantel |
| **vase** | florero |

**28.** (p. 104)

| | |
|---|---|
| **knife** | **fork** |
| **beer** | **wine** |
| **sour** | **sweet** |
| **cream** | **sugar** |
| **tea** | **coffee** |

**29.** (p. 107)

| | |
|---|---|
| **dress** | vestido |
| **boots** | botas |
| **cap** | gorra |
| **shirt** | camisa |
| **tie** | corbata |
| **blouse** | blusa |
| **skirt** | falda |
| **gloves** | guantes |
| **shoes** | zapatos |

**30.** (p. 108)

La blusa roja de María está en la
    lavadora.
Estos zapatos blancos y negros son
    muy bonitos.
Hay una mancha grande en su
    chaqueta.
My vestido favorito está en la lavandería.
¿De quién es este cinturón pardo?
¿Cuánto cuestan los calzoncillos y los
    pantalones?
Mueve tus botas, por favor. ¡Están en la
    mesa de la cocina!

**31.** (p. 108)

| | |
|---|---|
| oro | **gold** |
| perlas | **pearls** |
| bastón | **cane** |
| anillo | **ring** |
| maleta | **suitcase** |
| plata | **silver** |
| peine | **comb** |

**32.** (p. 110)

| | |
|---|---|
| Puedo servirle? | Sí, por favor. Ese collar de plata es bonito. Quiero probármelo. |

Bien, ningún problema.
Doscientos dólares.

Bien, ¿algo más?

¡Me gusta!
¿Cuánto cuesta?
¡Fantástico! Me quedo con esto.
Sí, y este perfume.

Esas botas y esos zapatos son muy caros.
¿En cuál departamento están las chaquetas y los suéteres?
Me quedo con esta blusa, pero esta falda no me queda bien.

**33.** (p. 112)
**Drink the milk**
**Close the door**
**Write the name**
**Call the clerk**
**Turn off the lights**

**34.** (p. 113)
**Let's go!** ¡Vamos!
**Wake up!** ¡Despiértate!
**Give it to me!** ¡Dámelo!
**Stand up!** ¡Levántate!
**Sit down!** ¡Siéntate!

## FOODS (p. 114)

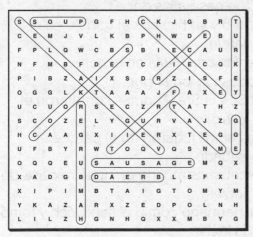

**35.** (p. 119)
Soy estudiante.
Él es americano.
Tú eres mi amigo.
Kathy está en el hospital.
Los estudiantes son inteligentes.
Felipe y Pancho tienen dieciséis.
Estamos muy felices.
¿Tienen calor tú y Juan?
¿Son las diez y cuarto?
¿Hay algún problema?

**is**
**are**
**are**
**is**
**am, is**
**are**
**are**
**Are**

**36.** (p. 120)
**Mr. Villa isn't here.**
**The chairs aren't blue.**
**I'm not from Chile.**
**It's not important.**
**This isn't my soda.**

**We are *not* in the hospital.**
**It is *not* seven o'clock.**
**They are *not* hungry.**

**37.** (p. 121)
**don't**
**doesn't**
**don't**
**doesn't**
**don't**
**don't**
**doesn't**

**38.** (p. 123)
**have**
**has**
**has**
**has**

have
has
have
has

**39.** (p. 125)
drives
plays
writes
walks

**40.** (p. 126)
Do
Does
Do
does
do
do

**41.** (p. 128)

| | |
|---|---|
| dream | soñar |
| fight | pelear |
| find | encontrar |
| help | ayudar |
| swim | nadar |
| cut | cortar |
| cook | cocinar |
| kiss | besar |
| cry | llorar |

**42.** (p. 129)

| | |
|---|---|
| ¿Dónde está María? | Ella está trabajando. Está limpiando mesas y lavando platos en el restaurante italiano. |

Bill y Cecilia se están besando en el carro.

Mi padre no está escuchando el estéreo.

El bebé está llorando, y su hermana está gritando.

Esos árboles en el jardín están creciendo rápido.

¿Está usando una computadora la secretaria en la oficina?

Tomás nos está escuchando y contestando nuestras preguntas.

**43.** (p. 132)
Voy a Argentina.
No vamos a Texas.
Fred va a correr.
La Sra. Edwards no va a cocinar.
Bailaremos en el club.
No manejaremos al desierto.
¿Qué vas a hacer?
¿Adónde vas?

**44.** (p. 133)
was
was
were
Were

**45.** (p. 135)
We sold vegetables.
Linda went to church.
He drove a bus.
They drank wine.
Bob had fantastic parties!

¿Qué pasó a las doce?

Pedro y yo hicimos el trabajo en el jardín.

Tenían una fiesta en el hotel.

Todos fueron al cine.

El Sr. y la Sra. Thomas compraron el carro.

Los niños jugaron en el parque el sábado.

Escribimos mucho en nuestra clase de inglés.

Mi hermano comió el sandwich y tomó la leche.

¿Manejaste tu carro ayer?

No fui a la iglesia a las nueve.

## COMMON ACTIONS (p. 136)

| | |
|---|---|
| RWKO | WORK |
| VRIDE | DRIVE |
| DAER | READ |
| YSDTU | STUDY |
| VAELE | LEAVE |
| IREWT | WRITE |
| WCHTA | WATCH |
| UNRETR | RETURN |
| AKESP | SPEAK |
| RDNKI | DRINK |
| CANED | DANCE |
| PELSE | SLEEP |

### 46. (p. 139)
**later**
**always**
**until dusk**
**next week**

**I'm going to study.**

**We drove to the beach.**

### 47. (p. 141)
Anda afuera y mira debajo de ese árbol.
Tu perro está corriendo alrededor de mi
    patio y a lo largo de la cerca.
Voy a la gasolinera cerca de la escuela.
Está entre el hospital y el supermercado.

### WHEN? (p. 145)

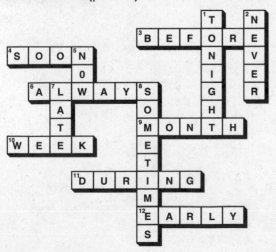

### 48. (p. 149)
Yes
Yes
Five

| **stadium** | estadio |
|---|---|
| **net** | red |
| **ball** | pelota |
| **team** | equipo |
| **game** | juego |
| **coach** | entrenador |

### 49. (p. 152)
| **chess** | **checkers** |
|---|---|
| **jokes** | **tricks** |
| **comedy** | **tragedy** |
| **trumpet** | **drum** |
| **coins** | **stamps** |

### 50. (p. 155)
**Susan**
**To a concert**
**On Saturday**

### 51. (p. 158)
| **magazine** | revista |
|---|---|
| **thread** | hilo |
| **soap** | jabón |
| **tire** | neumático |
| **match** | fósforo |
| **oil** | aceite |
| **envelope** | sobre |
| **newspaper** | periódico |

### 52. (p. 158)
| X | **multiply** |
|---|---|
| .05 | **nickel** |
| + | **add** |
| .01 | **penny** |
| $ | **dollars** |
| .25 | **quarter** |

**53.** (p. 161)
**Four**
**Sixteen**
**Five thousand two hundred eighty**

## SPORTS (p. 164)

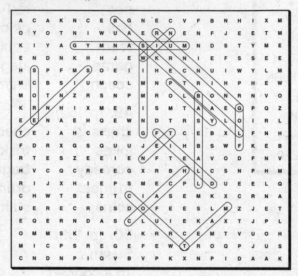

# Common Expressions (Expresiones comunes)

| ENGLISH | ESPAÑOL |
|---|---|
| *And you?* | ¿Y tú? |
| *At night.* | De noche. |
| *At___o'clock* | A las ___. |
| *Can you help me?* | ¿Puedes ayudarme? |
| *Congratulations!* | ¡Felicitaciones! |
| *Do you have ___?* | ¿Tienes ___? |
| *Do you know?* | ¿Sabes? |
| *Do you like it?* | ¿Te gusta? |
| *Do you need help?* | ¿Necesitas ayuda? |
| *Do you speak Spanish?* | ¿Hablas español? |
| *Do you understand?* | ¿Entiendes? |
| *Do you want ___?* | ¿Quieres ___? |
| *Excuse me.* | Con permiso. |
| *Good afternoon.* | Buenas tardes. |
| *Good luck!* | ¡Buena suerte! |
| *Good morning.* | Buenos días. |
| *Good night.* | Buenas noches. |
| *Happy Birthday!* | ¡Feliz cumpleaños! |
| *Happy Easter!* | ¡Feliz Pascua! |
| *Help!* | ¡Socorro! |
| *Hi!* | ¡Hola! |
| *How are you?* | ¿Cómo estás? |
| *How many?* | ¿Cuántos? |
| *How much?* | ¿Cuánto? |
| *How old are you?* | ¿Cuántos años tienes? |
| *How's the weather?* | ¿Qué tiempo hace? |
| *I don't know.* | No sé. |
| *I don't remember.* | No recuerdo. |
| *I don't understand.* | No entiendo. |
| *I have it.* | Lo tengo. |
| *I like it.* | Me gusta. |
| *I live at___.* | Vivo en ___. |
| *I need the___.* | Necesito ___. |
| *I put on the___.* | Me pongo ___. |

| | |
|---|---|
| *I speak a little____.* | Hablo un poquito ____. |
| *I take off the____.* | Me quito ____. |
| *I want the____.* | Quiero ____. |
| *I'm hungry.* | Tengo hambre. |
| *I'm learning Spanish.* | Estoy aprendiendo español. |
| *I'm sick.* | Estoy enfermo. |
| *I'm sorry.* | Lo siento. |
| *I'm thirsty.* | Tengo sed. |
| *It's ____ o'clock.* | Son las ____. |
| *It's cold.* | Hace frío. |
| *It's hot.* | Hace calor. |
| *It's raining.* | Está lloviendo. |
| *It's snowing.* | Está nevando. |
| *It's sunny.* | Hace sol. |
| *Me, neither.* | Yo, tampoco. |
| *Me, too.* | Yo, también. |
| *Merry Christmas!* | ¡Feliz Navidad! |
| *My name is ____.* | Me llamo ____. |
| *Not much.* | Sin novedad. |
| *See you later.* | Hasta luego. |
| *Speak more slowly.* | Habla más despacio. |
| *Sure.* | Claro. |
| *Thanks a lot.* | Muchas gracias. |
| *That's great!* | ¡Qué bueno! |
| *There is/There are ____.* | Hay ____. |
| *Very good.* | Muy bueno. |
| *Welcome!* | ¡Bienvenidos! |
| *What time is it?* | ¿Qué hora es? |
| *What?* | ¿Qué? |
| *What's going on?* | ¿Qué pasa? |
| *What's the date?* | ¿Cuál es la fecha? |
| *What's the matter?* | ¿Qué te pasa? |
| *What's your name?* | ¿Cómo te llamas? |
| *When?* | ¿Cuándo? |
| *Where do you live?* | ¿Dónde vives? |
| *Where is it?* | ¿Dónde está? |
| *Which one?* | ¿Cuál? |
| *Who?* | ¿Quién? |
| *Why?* | ¿Por qué? |
| *You're welcome.* | De nada. |

# English Irregular Verbs (Verbos irregulares en inglés)

Muchos verbos en inglés son muy sencillos: basta con añadir **ed** al verbo para que éste indique el tiempo pasado. Por ejemplo, si a **play** [pléi] (juego) le añadimos **ed**, éste se convierte en **played** [pléid] (jugué). El **past participle** [past párticipol] (participio pasado) también se logra añadiendo **ed** (**played**: jugado).

Pero lamentablemente también hay verbos irregulars y hay que aprenderlos de memoria. Aquí tienes una lista básica:

| Present | Past | Past Participle | Spanish |
|---|---|---|---|
| **awake** [auéic] | **awoke** [auóc] | **awoken** [auóquen] | despertar |
| **become** [bicám] | **became** [biquéim] | **become** [bicám] | llegar a ser |
| **begin** [beguín] | **began** [bigán] | **begun** [bigán] | comenzar |
| **bend** [bend] | **bent** [bent] | **bent** [bent] | doblar |
| **bet** [bet] | **bet** [bet] | **bet** [bet] | apostar |
| **bite** [báit] | **bit** [bit] | **bitten** [bíten] | mordar |
| **bleed** [blid] | **bled** [bled] | **bled** [bled] | sangrar |
| **blow** [blóu] | **blew** [blu] | **blown** [blóun] | soplar |
| **break** [bréic] | **broke** [bróuc] | **broken** [bróquen] | romper |
| **bring** [bring] | **brought** [brot] | **brought** [brot] | traer |
| **build** [bild] | **built** [bilt] | **built** [bilt] | construir |
| **catch** [cach] | **caught** [cot] | **caught** [cot] | agarrar, pescar |
| **choose** [chus] | **chose** [chóus] | **chosen** [chósen] | elegir |
| **come** [cam] | **came** [quéim] | **come** [cam] | venir |
| **cost** [cost] | **cost** [cost] | **cost** [cost] | costar |
| **cut** [cat] | **cut** [cat] | **cut** [cat] | cortar |
| **dig** [dig] | **dug** [dag] | **dug** [dag] | cavar |
| **do** [du] | **did** [did] | **done** [dan] | hacer |
| **draw** [dro] | **drew** [dru] | **drawn** [dron] | dibujar |
| **drink** [drinc] | **drank** [dranc] | **drunk** [dranc] | beber |
| **drive** [dráiv] | **drove** [dróuv] | **driven** [dríven] | conducir |
| **eat** [it] | **ate** [éit] | **eaten** [íten] | comer |
| **fall** [fol] | **fell** [fel] | **fallen** [fólen] | caer |
| **feed** [fid] | **fed** [fed] | **fed** [fed] | alimentar |
| **feel** [fil] | **felt** [felt] | **felt** [felt] | sentir |
| **fight** [fáit] | **fought** [fot] | **fought** [fot] | pelear |
| **find** [fáind] | **found** [fáund] | **found** [fáund] | encontrar |
| **fly** [flái] | **flew** [flu] | **flown** [flóun] | volar |
| **forget** [forguét] | **forgot** [forgót] | **forgotten** [forgóten] | olvidar |
| **get** [guét] | **got** [got] | **gotten, got** [góten, got] | obtener, lograr |
| **give** [guív] | **gave** [guéiv] | **given** [guíven] | dar |
| **go** [go] | **went** [uént] | **gone** [gon] | ir |

| Present | Past | Past Participle | Spanish |
|---------|------|-----------------|---------|
| **grow** [gróu] | **grew** [gru] | **grown** [gróun] | crecer |
| **have** [jaf] | **had** [jad] | **had** [jad] | tener |
| **hear** [jíar] | **heard** [jerd] | **heard** [jerd] | oír |
| **hide** [jáid] | **hid** [jid] | **hidden** [jíden] | esconder |
| **hit** [jit] | **hit** [jit] | **hit** [jit] | golpear |
| **hold** [jold] | **held** [jeld] | **held** [jeld] | sujetar, sostener |
| **keep** [quíp] | **kept** [quépt] | **kept** [quépt] | guardar |
| **know** [nóu] | **knew** [níu] | **known** [nóun] | saber |
| **leave** [liv] | **left** [left] | **left** [left] | dejar |
| **lend** [lend] | **lent** [lent] | **lent** [lent] | prestar |
| **let** [let] | **let** [let] | **let** [let] | permitir, dejar |
| **lose** [lus] | **lost** [lost] | **lost** [lost] | perder |
| **make** [méic] | **made** [méid] | **made** [méid] | hacer |
| **meet** [mit] | **met** [met] | **met** [met] | encontrar, juntarse |
| **owe** [óu] | **owed** [óud] | **owed** [óud] | deber, adeudar |
| **pay** [péi] | **paid** [péid] | **paid** [péid] | pagar |
| **read** [rid] | **read** [rid] | **read** [rid] | leer |
| **ride** [ráid] | **rode** [róud] | **ridden** [ríden] | viajar o ir en vehículo, montar |
| **run** [ran] | **ran** [ran] | **run** [ran] | correr |
| **see** [si] | **saw** [so] | **seen** [sin] | ver |
| **sell** [sel] | **sold** [sold] | **sold** [sold] | vender |
| **send** [send] | **sent** [sent] | **sent** [sent] | enviar |
| **show** [chóu] | **showed** [chóud] | **shown** [chóun] | mostrar |
| **sing** [sing] | **sang** [sang] | **sung** [sang] | cantar |
| **sink** [sinc] | **sank** [sanc] | **sunk** [sanc] | hundir |
| **sit** [sit] | **sat** [sat] | **sat** [sat] | sentarse |
| **sleep** [slip] | **slept** [slept] | **slept** [slept] | dormir |
| **speak** [spic] | **spoke** [spóuc] | **spoken** [spóquen] | hablar |
| **spend** [spend] | **spent** [spent] | **spent** [spent] | gastar |
| **stand** [stand] | **stood** [stud] | **stood** [stud] | estar de pie, pararse, durar, persistir |
| **steal** [stil] | **stole** [stóul] | **stolen** [stóulen] | robar |
| **sweep** [suíp] | **swept** [suépt] | **swept** [suépt] | barrer |
| **swim** [suím] | **swam** [suám] | **swum** [suám] | nadar |
| **take** [téic] | **took** [tuc] | **taken** [téiquen] | tomar |
| **teach** [tich] | **taught** [tot] | **taught** [tot] | enseñar |
| **tear** [tíar] | **tore** [tóar] | **torn** [torn] | desgarrar |
| **tell** [tel] | **told** [told] | **told** [told] | contar |
| **think** [sinc] | **thought** [sot] | **thought** [sot] | pensar |
| **throw** [sróu] | **threw** [sru] | **thrown** [sróun] | tirar, lanzar |
| **wake** [uéic] | **woke** [uóc] | **woke** [uóc] | despertar |
| **wear** [uéar] | **wore** [uór] | **worn** [uórn] | vestir, llevar puesto, usar, calzar |
| **win** [uín] | **won** [uón] | **won** [uón] | ganar |
| **write** [ráit] | **wrote** [róut] | **written** [ríten] | escribir |

# *Vocabulary* (Vocabulario)

## Español—Inglés

**A**

**a lo largo de** along
**a veces** sometimes
**a** to
**abajo** downward
**abeja** bee
**abierto** open
**abogado** lawyer
**abrazo** hug
**abrigo** overcoat
**abril** April
**abrir** open
**abuela** grandmother
**abuelo** grandfather
**aburrido** bored
**acá** here
**acceso directo** shortcut
**acción** action
**aceite** oil
**acera** sidewalk
**acerca de** about
**acostarse** lie down
**acre** acre
**actriz** actress
**actuación** acting
**adaptadora** adaptor
**adelante** go ahead; forward
**además** besides
**adentro de** inside
**adiós** good-bye
**adivinar** guess
**administración** management
**¿Adónde?** To where?
**aduana** customs
**aeropuerto** airport
**afuera** outside
**afueras** outskirts
**agencia de viajes** travel agency
**agencia** agency
**agosto** August
**agradable** pleasant
**agrio** sour
**agua** water
**aguja** needle
**ahí** there
**ahora** nowadays
**ahorita** right now
**ahorrar** save
**aire acondicionado** air conditioning
**ajedrez** chess
**ajo** garlic
**al revés** backward
**alambre** wire
**alarma** alarm
**alfiler** pin

**alfombra** rug
**alguien** someone
**algunos, algunas** some
**alicates** pliers
**allá** over there
**alma** soul
**almacén** warehouse
**alma gemela** soul mate
**almohada** pillow
**alrededor de** around
**alto** tall; stop
**amante** lover
**amar** love
**amargo** bitter
**amarillo** yellow
**ambos** both
**amigo** friend
**amistosa** friendly
**amor** love
**amortiguador** shock
**anaranjado** orange
**ancho** wide
**ángel** angel
**anillo** ring
**animal de peluche** stuffed toy
**animal** animal
**aniversario** anniversary
**año** year
**anoche** last night
**anochecer** dusk
**ansioso** anxious
**anteayer** the day before yesterday
**antes** before
**antigüidades** antiques
**anuncio** announcement
**apartamento** apartment
**apasionado** passionate
**apellido** last name
**apenas** just
**aplicación** application
**aplicado** studious
**apostar** bet
**aprender** learn
**aprovechar** take advantage
**aquellos, aquellas** those (over there)
**aquí** here
**araña** spider
**árbol** tree
**arbusto** bush
**archivar** to file
**archivo** file
**arena** sand
**arete** earring
**arma** weapon

**arpa** harpa
**arquitecto** architect
**arreglar** arrange
**arriba** upward
**arroz** rice
**asfalto** asphalt
**asistente** assistant
**asistir** attend
**áspero** rough
**aspiradora** vacuum cleaner
**astronauta** astronaut
**atleta** athlete
**atractivo** cute
**audífonos** headset (earbuds)
**aún** still
**autobús** bus
**avenida** avenue
**avión** airplane
**ayer** yesterday
**ayudante** helper
**azúcar** sugar
**azul** blue

**B**

**bahía** bay
**bailar** dance
**baile** dance
**bajo** short
**balde** bucket
**baldosa** floor tile
**baloncesto** basketball
**banco** bench
**banco (Comercio)** bank
**bandera** flag
**baño** bathroom
**barato** cheap
**barco** boat
**barra de tareas** task bar
**barrio** neighborhood
**básico** basic
**bastante** enough
**basura** trash
**bata de baño** bathrobe
**batería** battery
**batido de leche** milkshake
**bebé** baby
**beber** drink
**bebida** drink
**béisbol** baseball
**bella** beautiful
**besar** kiss
**beso** kiss
**Biblia** Bible
**biblioteca** library
**bicicleta** bicycle

**bienvenidos** welcome
**billón** billion
**bistec** steak
**blanco** white
**blando** soft
**blanqueador** bleach
**blusa** blouse
**bluyín** jeans
**bocina** horn
**boda** wedding
**bola** ball
**boleto** ticket
**boliche** bowling
**bolsa** bag; purse
**bombero** firefighter
**bonito** pretty
**bosque** forest
**bota** boot
**bote de basura** trash can
**botella** bottle
**botones** bellboy
**boxeo** boxing
**brazalete** bracelet
**brevemente** briefly
**brillante** bright
**broche** brooch
**buceo** diving
**bueno** good
**bufanda** scarf
**bujía** sparkplug
**buscar** look for

**C**
**caballo** horse
**cada** each
**cadena** chain
**café** coffee
**cafetera** coffee pot
**caja** box
**cajero automático** ATM
**cajero** cashier
**cajón** drawer
**calcetines** socks
**caldo** broth
**calefacción** heating
**calendario** calendar
**calentamiento global** global warming
**caliente** hot
**calle** street
**calor** heat
**caluroso** warm
**calvo** bald
**calzoncillos** shorts
**cama** bed
**cámara** camera
**camarón** shrimp
**cambio** change
**camello** camel
**caminar** walk
**camino** road
**camión** truck
**camionero** truck driver
**camisa** shirt
**camiseta** T-shirt

**campeón** champion
**campesino** farmer
**campo** field; countryside
**cancha** court
**cangrejo** crab
**canica** marble
**cansado** tired
**cantante** singer
**cantar** sing
**cántaro** pitcher
**cantina** bar
**capítulo** chapter
**cárcel** jail
**cargador** charger
**caricatura** cartoon
**carne** meat
**carnicería** meat market
**carnicero** butcher
**caro** expensive
**carpintero** carpenter
**carretera** highway
**carro** car
**carta** (de la baraja) card
**carta** letter
**cartera** wallet
**cartón** cardboard
**casa** house
**casco** helmet
**casete** cassette
**casi** almost
**castigo** punishment
**católico** Catholic
**catorce** fourteen
**cebolla** onion
**cebra** zebra
**ceda el paso** yield
**celebrar** celebrate
**celoso** jealous
**cementerio** cemetery
**cemento** cement
**cenicero** ashtray
**ceño** frown
**centímetro** centimeter
**centro** (zona de comercio) downtown
**centro comercial** shopping center
**Centroamérica** Central America
**cepillo de dientes** toothbrush
**cepillo** brush
**cerca** (muro) fence
**cerca** near
**cerdo** pork
**cerebro** brain
**cereza** cherry
**cero** zero
**cerrado** closed
**cerradura** lock
**cerrar** close
**cerro** hill
**cerveza** beer
**chaleco** vest
**champú** shampoo
**chaqueta** jacket
**cheque** check

**¡chiao!** bye
**chicle** gum
**chico** small
**chimenea** chimney
**China** China
**chiste** joke
**chistoso** funny
**chivo** goat
**cielo** heaven
**cien** hundred
**científico** scientist
**cientos** hundreds
**cierto** certain
**cigarrillo** cigarette
**cinco** five
**cincuenta** fifty
**cine** cinema
**cinta** ribbon
**cinturón** belt
**circo** circus
**circulación** one way
**cirujano** surgeon
**cita** appointment
**clarinete** clarinet
**claro** light
**clavo** nail
**cliente** client
**clima** weather; climate
**clínica** clinic
**cliquear** click
**cobarde** coward
**cobija** blanket
**cocido** cooked
**cocina** kitchen
**cocinar** cook
**cocinero** chef
**código de área** area code
**coger** catch
**collar** necklace
**comedor** dining room
**cometa** (juguete) kite
**comida** food
**¿Cómo?** How?
**compañero** buddy
**compañeros del cuarto** roommates
**compañeros del trabajo** co-workers
**comprometido/comprometida** engaged
**computadora portátil** laptop
**computadora** computer
**comunidad** community
**comunismo** communism
**con** with
**concierto** concert
**condominio** condominium
**conectado** online
**conferencia** conference
**confiar** trust
**conmigo** with me
**construir** build
**contaminación** pollution
**contestar** answer
**contigo** with you

**contra** against
**contador** accountant
**contrario** opposite
**contraseña** password
**contrato** contract
**controlar** control
**conversación** conversation
**conversar** to chat
**copiadora** copier
**corazón** heart
**corbata** tie
**correctamente** correctly
**correcto** correct; right
**correo electrónico** e-mail
**correo** mail; post office
**correr** run
**corrimiento de tierras** landslide
**cortar** cut
**cortauñas** nail clippers
**corte** (tribunal) court
**corte de pelo** haircut
**cortina** curtain
**cortinas** curtains
**corto** short
**cosa** thing
**costa** coast
**crema de afeitar** shaving cream
**crema** cream
**criada** maid
**crimen** crime
**cristiano** Christian
**crudo** raw
**cruel** mean
**cruz** cross
**cuaderno** notebook
**cuadra** block
**cuadrado** square
**¿Cuál?** Which?
**cualquier parte** anywhere
**cualquier persona** anyone
**cualquiera** any
**¿Cuándo?** When?
**¿Cuánto?** How much?
**¿Cuántos?** How many?
**cuarenta** forty
**cuarto** quart
**cuatro** four
**Cuba** Cuba
**cucaracha** cockroach
**cuchara** spoon
**cucharilla** teaspoon
**cuchillo** knife
**cuenta** bill; account
**culpa** fault; blame
**cumpleaños** birthday
**cuñada** sister-in-law
**cuñado** brother-in-law
**cupón** coupon
**cura** priest

**D**

**dama** lady
**dar** give
**dardo** dart
**de repente** suddenly

**de** of; from
**debajo** underneath
**débil** weak
**decir** say
**dejar** leave behind; allow
**del** of the; from the
**delantal** apron
**demasiado** too much
**democracia** democracy
**dentista** dentist
**deporte** sport
**derecha** right
**desarrollar** develop
**descansar** rest
**descarga** download
**descargar** to download
**descompuesto** out of order; broken
**descripción** description
**descuento** discount
**descuidado** sloppy
**desde** from
**desear** wish
**deshonesto** dishonest
**desierto** desert
**desodorante** deodorant
**despacio** slow
**después** afterwards
**destornillador** screwdriver
**desván** attic
**desviación** detour
**detergente** detergent
**detrás de** behind
**deuda** debt
**día** day
**diablo** devil
**diálogo** dialog
**diamante** diamond
**diario** daily
**dibujar** draw
**diccionario** dictionary
**diecinueve** nineteen
**dieciocho** eighteen
**dieciseis** sixteen
**diecisiete** seventeen
**dieta** diet
**diez** ten
**diferente** different
**difícil** difficult
**digital** digital
**dinero** money
**Dios** God
**dirección** address
**disco** disc
**discutir** discuss
**disponible** available
**distancia** distance
**diversión** fun
**divertirse** enjoy oneself
**doce** twelve
**dólar** dollar
**dolor** pain
**domingo** Sunday
**¿Dónde?** Where?
**dormido** asleep

**dormir** sleep
**dormitorio** bedroom
**dos** two
**droga** drug
**duda** doubt
**dueño** owner
**dulce** (el sabor) sweet
**dulce** (la comida) candy
**duplex** townhouse
**duro** hard

**E**

**edificio** building
**educado** well-mannered
**efectivamente** effectively
**ejemplo** example
**ejercicio** exercise
**él** he, him
**el, los** the
**electricidad** electricity
**eléctrico** electric
**elefante** elephant
**elegante** elegant
**elevador** elevator
**ella** she; her
**ellas, ellos** they
**embarazada** pregnant
**emergencia** emergency
**empezar** begin
**empleado** employee
**empujar** push
**en** in; on; at
**enchufar** to plug
**enchufe** outlet
**encima de** above
**encontrar** find
**enemigo** enemy
**enero** January
**enfermedad** sickness
**enfermera** nurse
**enfrente de** in front of
**enganche** down payment
**enjuague** mouthwash
**enjuague** conditioner
**enlace** link
**enlazar** to link
**enojado** angry
**ensalada** salad
**entonces** then
**entrada** entrance
**entre** between
**entrenador** coach
**entrenamiento** training
**entrevista** interview
**equipo** equipment
**equipo** team
**equivocado** wrong
**escalera** ladder
**escaleras** stairs
**escenario** stage
**escoba** broom
**escribir a máquina** type
**escribir** write
**escritor** writer
**escritorio** desk

**escuchar** listen
**escuela** school
**escúter** scooter
**ese, esa, eso** that
**esmalte** nail polish
**esos, esas** those
**España** Spain
**español** Spanish
**especial** special
**espejo** mirror
**esperanza** hope
**esposa** wife
**esposo** husband
**esquiar** ski
**esquina** corner
**estación** season; station
**estacionamiento** parking
**estacionar** park
**estadio** stadium
**Estados Unidos** United States
**estar** be
**este** east
**este, esta, esto** this
**estéreo** stereo
**estos, estas** these
**estrecho** narrow
**estructura** structure
**estudiante** student
**estudio** study
**estufa** stove
**estúpido** stupid
**evitar** avoid
**examen** test
**excelente** excellent
**excusado** toilet
**experiencia** experience
**extraño** strange

**F**
**fábrica** factory
**fácil** easy
**factura** invoice
**falda** skirt
**faltar** miss
**familia** family
**famoso** famous
**fantasma** ghost
**fantástico** fantastic
**farmacia** pharmacy
**favorito** favorite
**fax** fax
**fe** faith
**febrero** February
**fecha** date
**felicitaciones** congratulations
**fiel** faithful
**fiesta** party
**figura de acción** action figure
**filosofía** philosophy
**fin** end
**finca** farm
**flaco** thin
**flor** flower
**florero** vase

**flotar** float
**fondo** bottom
**forma** form
**fósforo** match
**foto** picture
**fotografía** photography
**Francia** France
**frasco** jar
**frase** sentence
**fresa** strawberry
**fresco** (temperatura) cool
**fresco** fresh
**frío** cold
**frito** fried
**frontera** border
**fuegos artificiales** fireworks
**fuerte** strong
**fumar** smoke
**furioso** furious
**fútbol de mesa** foosball
**fútbol** soccer

**G**
**gabinete** cabinet
**galleta** cookie
**galón** gallon
**gancho** hanger
**ganga** bargain
**garaje** garage
**garganta** throat
**gasolinera** gas station
**gastar** spend
**gastos** expenses
**gato** cat
**gemelo** twin
**gente** people
**gerente** manager
**gimnasio** gymnasium
**globo** balloon
**gobierno** government
**goma** rubber
**gordo** fat
**gorra** cap
**gracias** thanks
**gramática** grammar
**gramo** gram
**grande** big; large
**granizo** hail
**gris** gray
**gritar** yell
**guante** glove
**guapo** handsome
**guerra** war
**guía** guide
**guisante** pea
**guitarra** guitar

**H**
**habitación** room
**hablar** speak
**hacer** do; make
**hacia** towards
**hambre** hunger
**hamburguesa** hamburger

**hasta** until
**hay** there is; there are
**hectárea** hectare
**helado** ice cream
**helicóptero** helicopter
**hermana** sister
**hermano** brother
**hermosa** lovely
**herramienta** tool
**hielo** ice
**hierba** grass
**hierba mala** weed
**hígado** liver
**hija** daughter
**hijo** son
**hilo** thread
**hipopótamo** hippopotamus
**hoja** leaf
**hola** hello
**hombre** man
**honesto** honest
**hora** time; hour
**horario** schedule
**hormiga** ant
**hospital** hospital
**hoy** today
**huelga** strike
**huevo** egg
**humo** smoke

**I**
**identificación del usuario** user ID
**idioma** language
**iglesia** church
**igualmente** same to you
**imán** magnet
**impermeable** raincoat
**importante** important
**impreso** print
**impresora** printer
**imprimir** to print
**impuesto** tax
**inalámbrico** wireless
**incorrecto** incorrect
**indicador** gauge
**infierno** hell
**información** information
**ingeniero** engineer
**Inglaterra** England
**inglés** English
**ingresos** income
**inmediatamente** immediately
**insecto** insect
**instrumento** instrument
**inteligente** intelligent
**interesante** interesting
**internet** Internet
**intersección** intersection
**inundación** flood
**invierno** winter
**irresponsable** irresponsible
**isla** island
**izquierda** left

**J**
**jabón** soap
**jalar** pull
**jamón** ham
**Japón** Japan
**jardín** garden
**jardinero** gardener
**jefe** boss
**Jesucristo** Jesus Christ
**jirafa** giraffe
**jóven** young
**joya** jewel
**judía verde** green bean
**judío** Jew
**juego de damas** checkers
**juego de video** video game
**juego** game
**jueves** Thursday
**juez** judge
**jugar** play
**jugo** juice
**julio** July
**junio** June
**junta** meeting
**juntar** join
**juntos** together
**justicia** justice

**K**
**kilómetro** kilometer

**L**
**la, las** the
**lado** side
**ladrillo** brick
**ladrón** thief
**lago** lake
**lágrima** tear
**lámpara** lamp
**langosta** lobster
**lanzar** pitch
**lápiz de labios** lipstick
**lápiz** pencil
**largo** long
**lata** can
**latino** Latin, Hispanic (EE.UU.)
**lavabo** bathroom sink
**lavadora** washer
**lavandería** laundromat
**lavar** wash
**lección** lesson
**leche** milk
**lechuga** lettuce
**leer** read
**lejos** far
**lengua** tongue; language
**lentes** glasses
**lentes del sol** sunglasses
**lento** slow
**león** lion
**letra mayúscula** capital letter
**letra minúscula** lowercase letter
**letra** letter
**levantarse** get up

**ley** law
**libra** pound
**libro** book
**licencia de chófer** driver's license
**licuadora** blender
**limón** lemon
**limonada** lemonade
**limpio** clean
**linda** very pretty
**lista** list
**listo** ready; clever
**litro** liter
**llave** key
**llave inglesa** wrench
**llegar** arrive
**lleno** full
**llevar** carry
**llorar** cry
**lluvia** rain
**loco** crazy
**lodo** mud
**lote de carros** car lot
**luego** later
**lugar** place
**luna** moon
**lunes** Monday
**luz** light

**M**
**madera** wood
**madre** mother
**madrugada** dawn
**maduro** ripe
**maestro** teacher
**magia** magic
**magnífico** magnificent
**maíz** corn
**maleta** suitcase
**maletín** briefcase
**mañana (la)** morning
**mañana** tomorrow
**mancha** stain
**mandato** command
**manera** manner
**manguera** hose
**mano** hand
**mantel** tablecloth
**mantequilla** butter
**manzana** apple
**mapa** map
**maquillaje** makeup
**máquina de escribir** typewriter
**mar** sea
**maravilloso** marvelous
**marea** tide
**martes** Tuesday
**martillo** hammer
**marzo** March
**más tarde** later
**más** more
**matrimonio** marriage
**máximo** maximum
**mayo** May

**mayor** older
**mayoría** majority
**mecánico** mechanic
**mediano** medium
**medianoche** midnight
**medicina** medicine
**médico** doctor
**medio** half; middle
**mediodía** noon
**memoria** memory
**memoria externa** external drive
**memoria USB** flash drive
**menor** younger
**menos** less
**mensaje de texto** text message
**mentira** lie
**mes** month
**mesa** table
**mesa de noche** nightstand
**mesera** waitress
**mesero** waiter
**método** method
**metro** subway; meter
**México** Mexico
**microonda** microwave
**mi, mis** my
**miedo** fear
**miel** honey
**miembro** member
**miembros** members
**mientras** during
**miércoles** Wednesday
**mil** thousand
**milagro** miracle
**milla** mile
**millón** million
**millonario** millionaire
**minoría** minority
**minuto** minute
**mío, mía** mine
**mirar** watch; look
**mismo** same
**mitad** half
**mochila** knapsack
**moderno** modern
**momento** moment
**moneda** coin
**mono** monkey
**montar a caballo** horseback riding
**montar** ride
**morado** purple
**moreno** dark-haired
**mosca** fly
**mostaza** mustard
**mostrar** show
**motocicleta** motorcycle
**motor** engine
**mucho** a lot of; much
**muchos** a lot of; many
**mueblería** furniture store
**muebles** furniture
**muerte** death
**muerto** dead

**mujer** woman
**mundo** world
**muñeca** doll
**museo** museum
**música** music
**músico** musician
**muy** very

**N**

**nacimiento** birth
**nación** nation
**nacionalidad** nationality
**nada** nothing
**nadar** swim
**nadie** no one
**naranja** orange
**natural** natural
**naturaleza** nature
**navaja** razor
**nave espacial** spaceship
**navegar** sail
**Navidad** Christmas
**neblina** fog
**necesario** necessary
**negro** black
**nervioso** nervous
**neumático** tire
**nieta** granddaughter
**nieto** grandson
**nieve** snow
**ninguno** none
**niño** child
**niños** children
**noche** night
**nombre** name
**Norteamérica** North America
**nosotros, nosotras** we
**nota** note
**noticia** notice
**noticias** news
**novecientos** nine hundred
**noventa** ninety
**novia** girlfriend
**noviembre** November
**novio** boyfriend
**novios** sweethearts
**nube** cloud
**nudo** knot
**nuera** daughter-in-law
**nuestro(s)** our
**nueve** nine
**nuez** nut
**número de teléfono** telephone
    number
**número** number
**nunca** never

**O**

**o** or
**obstruir** block
**obvio** obvious
**océano** ocean
**ochenta** eighty
**ocho** eight
**ocio** relaxing

**octubre** October
**odiar** hate
**oferta** offer
**oficina** office
**ola** wave
**olla** pot
**olvidar** forget
**once** eleven
**onza** ounce
**operación** operation
**oprimir** to press
**ordenar** order
**orgánico** organic
**orgulloso** proud
**oro** gold
**oscuro** dark
**oso** bear
**otoño** (estación) fall
**otra vez** again
**otra** another
**oveja** sheep

**P**

**padre** father
**padres** parents
**pagar** pay
**página** page
**pago** payment
**pájaro** bird
**pala** shovel
**palabra** word
**palito** twig
**palo** stick
**pan** bread
**panadería** bakery
**pandilla** gang
**pantalla** (computadora) monitor
**pantalla** screen
**pantalones** pants
**pantuflas** slippers
**pañuelo** handkerchief
**papa** potato
**papel** paper
**par** pair
**para** for
**parada de autobús** bus stop
**paraguas** umbrella
**pardo** brown
**pareja** couple
**pariente** relative
**parque** park
**partido político** political party
**pasado** past
**pasaporte** passport
**pasar** pass; happen
**pasillo** hallway
**paso** step
**pasta de dientes** toothpaste
**pastel** pie
**patinar** skate
**patines** skates
**patineta** skateboard
**patio de recreo** playground
**patio** yard
**pato** duck

**pavo** turkey
**payaso** clown
**paz** peace
**pegar** hit; stick
**peine** comb
**película** movie
**peligroso** dangerous
**pelirrojo** red-headed
**pelota** ball
**peluquería** barber shop
**perder** lose
**perdido** lost
**perezoso** lazy
**perfectamente** perfectly
**perfume** perfume
**periódico** newspaper
**perla** pearl
**pero** but
**perro caliente** hot dog
**perro** dog
**persona** person
**pesadilla** nightmare
**pesar** weigh
**pescado, pez** fish
**pescador** fisherman
**pescar** fish
**picante** hot
**pie** foot
**piedra** stone
**pijama** pajamas
**pila** battery
**pimienta** pepper
**pintor** painter
**pintura** paint
**pintura** painting
**piscina** swimming pool
**piso** floor
**pizarrón** chalkboard
**placa** license plate
**plancha** iron
**planta** plant
**plantar** plant
**plástico** plastic
**plata** silver
**plátano** banana
**platicar** chat
**plato** plate
**pleito** fight; lawsuit
**plomero** plumber
**pluma** (de escribir) pen
**pobre** poor
**pobreza** poverty
**poco** a little bit
**pocos** few
**podrido** rotten
**policía** police officer; police
**política** politics
**póliza** policy
**pollo** chicken
**polvo** dust
**poner** put
**poquito** a very little bit
**poquitos** very few
**por algún lugar** somewhere
**porche** porch

**por eso** therefore
**por favor** please
**por fin** at last; finally
**por ningún lado** nowhere
**¿Por qué?** Why?
**por todas partes** everywhere
**por** for
**porque** because
**portón** gate
**posible** possible
**postre** dessert
**práctica** practice
**precio** price
**preciosa** precious
**pregunta** question
**presentación** introduction
**presidente** president
**prestar** lend
**pretenciosa** stuck up
**pretender** court someone
**primavera** spring
**primer** first
**primo, prima** cousin
**probar** try
**problema** problem
**producto** product
**profesional** professional
**programa** program
**programador** programmer
**promesa** promise
**pronóstico** forecast
**pronto** soon
**pronunciación** pronunciation
**propina** tip
**próximo** next
**proyector** projector
**público** public
**pueblo** town
**puente** bridge
**puerco** pig
**puerta** door
**puesta del sol** sunset
**puerto** port
**pulgada** inch
**pulmón** lung
**punta** point
**punto** dot

**Q**
**que** that
**¿Qué?** What?
**quebrar** break
**querido** darling
**queso** cheese
**¿Quién?** Who?
**quince** fifteen
**quinientos** five hundred
**quitar** take away

**R**
**rama** branch
**rancho** ranch
**rápidamente** quickly
**rápido** quick
**raqueta** racket

**rascacielos** skyscrapers
**rastrillo** rake
**rata** rat
**rato** awhile
**ratón** mouse
**razón** reason
**recado** message
**receta** recipe
**recibir** receive
**recibo** receipt
**reciclable** recyclable
**recreo** recreation
**red** net
**refresco** refreshment
**refrigerador** refrigerator
**regadera** shower
**reina** queen
**religión** religion
**reloj de pulsera** watch
**reloj** clock
**renunciar** quit
**reparación** repair
**reparar** fix
**repaso** review
**repisa para libros** bookcase
**repollo** cabbage
**reservación** reservation
**respeto** respect
**restaurante** restaurant
**revisar** to check
**revista** magazine
**rey** king
**rico** rich
**rinoceronte** rhinoceros
**río** river
**risa** laughter
**roca** rock
**rojo** red
**romántico** romantic
**rompecabezas** puzzle
**ropa interior** underwear
**ropa** clothing
**ropero** closet
**roto** broken
**rubio** blond
**ruidoso** loud

**S**
**sábado** Saturday
**sábana** sheet
**sabor** flavor
**saco deportivo** sports coat
**sal** salt
**sala** living room
**salado** salty
**salchicha** susage
**salida** exit
**salir** leave
**salsa** sauce
**salud** health
**salvaje** wild
**salvar** save
**sanitario** restroom
**sano** healthy
**santo** saint; holy

**sartén** frying pan
**saxófono** saxophone
**se alquila** for rent
**se vende** for sale
**secadora** dryer
**seco** dry
**secretario** secretary
**sed** thirst
**segundo** second
**seguro social** social
   security
**seguro** sure
**seis** six
**sello** stamp
**selva** jungle
**semáforo** traffic light
**semana** week
**semilla** seed
**señal** road sign
**señal de parada** stop sign
**señor** Mr.; man
**señora** Mrs.; lady
**señorita** Miss; young lady
**sentarse** sit down
**separado** separated
**septiembre** September
**ser** be
**serrucho** saw
**servilleta** napkin
**sesenta** sixty
**setecientos** seven hundred
**setenta** seventy
**sexo** sex
**si** if
**sí** yes
**SIDA** AIDS
**siempre** always
**siete** seven
**significado** meaning
**siguiente** following
**silencio** quiet
**silla** chair
**sillón** easy chair
**símbolo** symbol
**simpático** nice
**sin embargo** however
**sin** without
**sinceramente** sincerely
**sincero** sincere
**sitio** place
**sobre** over; envelope
**sobrevivir** survive
**socios** partners
**sofá** couch
**sol** sun
**soldado** soldier
**solo** alone
**sólo** only
**soltero** single
**sombrero** hat
**soñar** dream
**sonido** sound
**sonrisa** smile
**sopa** soup
**sorprendido** surprised

**sótano** basement
**su** your; his; her; their
**suave** smooth
**sube y baja** seesaw
**subir** climb
**sucio** dirty
**sudaderas** sweatsuit
**Sudamérica** South America
**suegra** mother-in-law
**suegro** father-in-law
**sueño** dream
**suerte** luck
**suéter** sweater
**supermercado** supermarket
**suyo** hers; his; theirs

**T**
**tabla de planchar** ironing board
**tablero** (auto) dashboard
**taburete** stool
**taladradora** drill
**taller** shop
**tamaño** size
**también** too; also
**tambor** drum
**tampoco** neither
**tan** so
**tanque** tank
**tarde** late; afternoon
**tarea** homework
**tarjeta de crédito** credit card
**tarjeta postal** postcard
**taza** cup
**té** tea
**tela** cloth
**teléfono** telephone
**televisión** television
**televisor** television
**tema** theme
**temperatura** temperature
**temprano** early
**tenedor** fork
**tener** have
**tenis** tennis
**terminar** finish
**termómetro** thermometer
**terrible** terrible
**terrífico** terrific
**tesoro** treasure
**tía** aunt
**tiempo** time; weather
**tienda** store
**tierra** dirt
**tigre** tiger
**tijeras** scissors
**timbre** doorbell
**tímido** shy

**tina** bathtub
**tinta** ink
**tío** uncle
**tirar** throw
**tiza** chalk
**toalla** towel
**tocadiscos** CD player
**tocador** dresser
**tocar** touch; play an instrument
**todavía** yet
**todo** all
**todos los días** every day
**tomar** take; drink
**tonelada** ton
**tonto** dumb
**torcedura** sprain
**tornado** tornado
**tornillo** screw
**toronja** grapefruit
**torta** cake
**tostador** toaster
**trabajo** work; job
**traducir** translate
**tráeme el/la** bring me the
**traer** bring
**tráfico** traffic
**traje de baño** swimsuit
**traje** suit
**trapeador** mop
**traste** dish
**trece** thirteen
**treinta** thirty
**tren** train
**tres** three
**trombón** trombone
**tú** you
**tu** your
**tubería** plumbing
**tuberia** pipes
**turista** tourist
**tuyo** yours

**U**
**último** last
**un, una** a
**una vez** once
**universidad** university
**uno** one
**unos, unas** some
**usted** you
**ustedes** you guys
**usualmente** usually
**uva** grape

**V**
**vaca** cow
**vacación** vacation

**vacío** empty
**valiente** brave
**valle** valley
**varios** several
**vaso** glass
**vegeteriana** vegan
**veinte** twenty
**vejiga** bladder
**venado** deer
**vendedor** salesman
**vender** sell
**venta** sale
**ventana** window
**ventanilla** window
**ventilador** fan
**verano** summer
**verdad** truth
**verde** green
**vestido** dress
**vestirse** get dressed
**viajar** travel
**víbora** snake
**vida** life
**videojuego** video game
**vidrio** glass
**viejo** old
**viernes** Friday
**vino** wine
**violencia** violence
**violento** violent
**violín** violin
**visitar** visit
**vista** view
**vocabulario** vocabulary
**volante** steering wheel
**volar** fly
**vóleibol** volleyball
**volver** return
**voto** vote
**voz** voice

**W**
**wach de** wash the

**Y**
**y** and
**ya** already
**yarda** yard
**yerno** son-in-law
**yo** I

**Z**
**zanahoria** carrot
**zapatería** shoe store
**zapato** shoe
**zona postal** zip code
**zoológico** zoo

# Inglés—Español

## A

**a little bit** poco
**a lot of** muchos; mucho
**a very little bit** poquito
**a** un, una
**about** acerca de
**above** encima de
**account** cuenta
**accountant** contador
**acre** acre
**acting** actuación
**action figure** figura de acción
**action** acción
**actress** actriz
**adapter** adaptadora
**address** dirección
**afternoon** tarde
**afterwards** después
**again** otra vez
**against** contra
**agency** agencia
**AIDS** SIDA
**air conditioning** aire
    acondicionado
**airplane** avión
**airport** aeropuerto
**alarm** alarma
**all** todo
**allow** dejar
**almost** casi
**alone** solo
**along** a lo largo de
**already** ya
**also** también
**always** siempre
**and** y
**angel** ángel
**angry** enojado
**animal** animal
**anniversary** aniversario
**announcement** anuncio
**another** otra
**answer** contestar
**ant** hormiga
**antiques** antigüidades
**anxious** ansioso
**any** cualquiera
**anyone** cualquier persona
**anywhere** cualquier parte
**apartment** apartamento
**apple** manzana
**application** aplicación
**appointment** cita
**April** abril
**apron** delantal
**architect** arquitecto
**area code** código de área
**around** alrededor de
**arrange** arreglar
**arrive** llegar

**ashtray** cenicero
**asphalt** asfalto
**assistant** asistente
**astronaut** astronauta
**at** en
**athlete** atleta
**ATM** cajero automático
**attend** asistir
**attic** desván
**August** agosto
**aunt** tía
**available** disponible
**avenue** avenida
**avoid** evitar
**awhile** rato

## B

**baby** bebé
**backward** al revés
**bag** bolsa
**bakery** panadería
**bald** calvo
**ball** bola, pelota
**balloon** globo
**banana** plátano
**bank** banco
**bar** cantina
**barber shop** peluquería
**bargain** ganga
**baseball** béisbol
**basement** sótano
**basic** básico
**basketball** boloncesto
**bathrobe** bata de baño
**bathroom sink** lavabo
**bathroom** baño
**bathtub** tina
**battery** batería
**battery** pila
**bay** bahía
**be** estar; ser
**bear** oso
**beautiful** bella
**because** porque
**bed** cama
**bedroom** dormitorio
**bee** abeja
**beer** cerveza
**before** antes
**begin** empezar
**behind** detrás de
**bellboy** botones
**belt** cinturón
**bench** banco
**besides** además
**bet** apostar
**between** entre
**Bible** Biblia
**bicycle** bicicleta
**big** grande

**bill** cuenta
**billion** billón
**bird** pájaro
**birth** nacimiento
**birthday** cumpleaños
**bitter** amargo
**black** negro
**bladder** vejiga
**blanket** cobija
**bleach** blanqueador
**blender** licuadora
**block** cuadra; obstruir
**blond** rubio
**blouse** blusa
**blue** azul
**boat** barco
**book** libro
**bookcase** repisa para libros
**boot** bota
**border** frontera
**bored** aburrido
**boss** jefe
**both** ambos
**bottle** botella
**bottom** fondo
**bowling** boliche
**box** caja
**boxing** boxeo
**boyfriend** novio
**bracelet** brazalete
**brain** cerebro
**branch** rama
**brave** valiente
**bread** pan
**break** quebrar
**brick** ladrillo
**bridge** puente
**briefcase** maletín
**briefly** brevemente
**bright** brillante
**bring** traer
**bring me the** tráeme el/la
**broken** descompuesto
**brooch** broche
**broom** escoba
**broth** caldo
**brother** hermano
**brother-in-law** cuñado
**brown** pardo
**brush** cepillo
**bucket** balde
**buddy** compañero
**build** construir
**building** edificio
**bus stop** parada de autobús
**bus** autobús
**bush** arbusto
**but** pero
**butcher** carnicero
**butter** mantequilla
**bye** ¡chiao!

**C**
**cabbage** repollo
**cabinet** gabinete
**cake** torta
**calendar** calendario
**camel** camello
**camera** cámara
**can** lata
**candy** dulce (la comida)
**cap** gorra
**capital letter** letra mayúscula
**car lot** lote de carros
**car** carro
**card** carta (de la baraja)
**cardboard** cartón
**carpenter** carpintero
**carrot** zanahoria
**carry** llevar
**cartoon** caricatura
**cashier** cajero
**cassette** casete
**cat** gato
**catch** coger
**Catholic** católico
**CD player** tocadiscos
**celebrate** celebrar
**cement** cemento
**cemetery** cementerio
**centimeter** centímetro
**Central America** Centroamérica
**certain** cierto
**chain** cadena
**chair** silla
**chalk** tiza
**chalkboard** pizarrón
**champion** campeón
**change** cambio
**chapter** capítulo
**charger** cargador
**chat** conversar
**chat** platicar
**check** cheque; revisar
**checkers** juego de damas
**cheese** queso
**chef** cocinero
**cherry** cereza
**chess** ajedrez
**chicken** pollo
**child** niño
**children** niños
**chimney** chimenea
**China** China
**Christian** cristiano
**Christmas** Navidad
**church** iglesia
**cigarette** cigarrillo
**cinema** cine
**circus** circo
**clarinet** clarinete
**clean** limpio
**click** cliquear
**client** cliente
**climb** subir
**clinic** clínica
**clock** reloj
**close** cerrar

**closed** cerrado
**closet** ropero
**cloth** tela
**clothing** ropa
**cloud** nube
**clown** payaso
**coach** entrenador
**coast** costa
**cockroach** cucaracha
**coffee pot** cafetera
**coffee** café
**coin** moneda
**cold** frío
**comb** peine
**command** mandato
**communism** comunismo
**community** comunidad
**computer** computadora
**concert** concierto
**conditioner** enjuague
**conference** conferencia
**congratulations** felicitaciones
**contract** contrato
**control** controlar
**conversation** conversación
**cook** cocinar
**cooked** cocido
**cookie** galleta
**cool** fresco (temperatura)
**copier** copiadora
**corn** maíz
**corner** esquina
**correct** correcto
**correctly** correctamente
**couch** sofá
**countryside** campo
**couple** pareja
**coupon** cupón
**court** cancha; corte
**cousin** prima; primo
**cow** vaca
**coward** cobarde
**co-workers** compañeros del trabajo
**crab** cangrejo
**crazy** loco
**cream** crema
**credit card** tarjeta de crédito
**crime** crimen
**cross** cruz
**cry** llorar
**Cuba** Cuba
**cup** taza
**curtain** cortina
**curtains** cortinas
**customs** aduana
**cut** cortar
**cute** atractivo

**D**
**daily** diario
**dance** baile; bailar
**dangerous** peligroso
**dark** oscuro
**dark-haired** moreno

**darling** querido
**dart** dardo
**dashboard** tablero (auto)
**date** fecha
**daughter** hija
**daughter-in-law** nuera
**dawn** madrugada
**day** día
**dead** muerto
**death** muerte
**debt** deuda
**deer** venado
**democracy** democracia
**dentist** dentista
**deodordant** desodorante
**description** descripción
**desert** desierto
**desk** escritorio
**dessert** postre
**detergent** detergente
**detour** desviación
**develop** desarrollar
**devil** diablo
**dialog** diálogo
**diamond** diamante
**dictionary** diccionario
**diet** dieta
**different** diferente
**difficult** difícil
**digital** digital
**dining room** comedor
**dirt** tierra
**dirty** sucio
**disc** disco
**discount** descuento
**discuss** discutir
**dish** traste
**dishonest** deshonesto
**distance** distancia
**diving** bucear
**do** hacer
**doctor** médico
**dog** perro
**doll** muñeca
**dollar** dólar
**door** puerta
**doorbell** timbre
**dot** punto
**doubt** duda
**down payment** enganche
**download** descarga, descargar
**downtown** centro (zona de comercio)
**downward** abajo
**draw** dibujar
**drawer** cajón
**dream** sueño; soñar
**dress** vestido
**dresser** tocador
**drill** taladro
**drink** bebida; beber
**driver's license** licencia de chófer
**drug** droga
**drum** tambor
**dry** seco; secar

**dryer** secadora
**duck** pato
**dumb** tonto
**during** mientras
**dusk** anochecer
**dust** polvo

**E**
**each** cada
**early** temprano
**earring** arete
**east** este
**easy chair** sillón
**easy** fácil
**effectively** efectivamente
**egg** huevo
**eight** ocho
**eighteen** dieciocho
**eighty** ochenta
**electric** eléctrico
**electricity** electricidad
**elegant** elegante
**elephant** elefante
**elevator** elevador
**eleven** once
**e-mail** correo electrónico
**emergency** emergencia
**employee** empleado
**empty** vacío
**end** fin
**enemy** enemigo
**engaged** comprometido/
    comprometida
**engine** motor
**engineer** ingeniero
**England** Inglaterra
**English** inglés
**enjoy oneself** divertirse
**enough** bastante
**entrance** entrada
**envelope** sobre
**equipment** equipo
**every day** todos los días
**everybody** todo el mundo
**everywhere** por todas partes
**example** ejemplo
**excellent** excelente
**exercise** ejercicio
**exit** salida
**expenses** gastos
**expensive** caro
**experience** experiencia
**external drive** memoria externa

**F**
**factory** fábrica
**faith** fe
**faithful** fiel
**fall** otoño; caer
**family** familia
**famous** famoso
**fan** ventilador
**fantastic** fantástico
**far** lejos
**farm** finca

**farmer** campesino
**fast** rápido
**fat** gordo
**father** padre
**father-in-law** suegro
**fault** culpa
**favorite** favorito
**fax** fax
**fear** miedo
**February** febrero
**fence** cerca (muro)
**few** pocos
**field** campo
**fifteen** quince
**fifty** cincuenta
**fight** pleito
**file** archivo; archivar
**finally** por fin
**find** encontrar
**finish** terminar
**firefighter** bombero
**fireworks** fuegos artificiales
**first** primer
**fish** pescado; pez; pescar
**fisherman** pescador
**five hundred** quinientos
**five** cinco
**fix** reparar
**flag** bandera
**flash drive** memoria USB
**flavor** sabor
**float** flotar
**flood** inundación
**floor tile** baldosa
**floor** piso
**flower** flor
**fly** mosca; volar
**fog** neblina
**following** siguiente
**food** comida
**foosball** fútbol de mesa
**foot** pie
**for rent** se alquila
**for sale** se vende
**for** para; por
**forecast** pronóstico
**forest** bosque
**forget** olvidar
**fork** tenedor
**form** forma
**forty** cuarenta
**forward** adelante
**four** cuatro
**fourteen** catorce
**France** Francia
**fresh** fresco
**Friday** viernes
**fried** frito
**friend** amigo
**friendly** amistoso
**from** desde; de
**frown** ceño
**frying pan** sartén
**full** lleno
**fun** diversión

**funny** chistoso
**furious** furioso
**furniture store** mueblería
**furniture** muebles

**G**
**gallon** galón
**game** juego
**gang** pandilla
**garage** garaje
**garden** jardín
**gardener** jardinero
**garlic** ajo
**gas station** gasolinera
**gate** portón
**gauge** indicador
**get dressed** vestirse
**get up** levantarse
**ghost** fantasma
**giraffe** jirafa
**girlfriend** novia
**give** dar
**glass** vaso; vidrio
**glasses** lentes
**global warming** calentamiento
    global
**glove** guante
**goat** chivo
**God** Dios
**gold** oro
**good** bueno
**good-bye** adiós
**government** gobierno
**gram** gramo
**grammar** gramática
**granddaughter** nieta
**grandfather** abuelo
**grandmother** abuela
**grandson** nieto
**grape** uva
**grapefruit** toronja
**grass** hierba
**gray** gris
**green bean** judía verde
**green** verde
**guess** adivinar
**guide** guía
**guitar** guitarra
**gum** chicle
**gymnasium** gimnasio

**H**
**hail** granizo
**haircut** corte de pelo
**half** mitad
**hallway** pasillo
**ham** jamón
**hamburger** hamburguesa
**hammer** martillo
**hand** mano
**handkerchief** pañuelo
**handsome** guapo
**hanger** gancho
**happen** ocurrir
**hard** duro; difícil

**harpa** arpa
**hat** sombrero
**hate** odiar
**have** tener
**he** él
**headset** (earbuds) audífonos
**health** salud
**healthy** sano
**heart** corazón
**heat** calor
**heating** calefacción
**heaven** cielo
**hectare** hectárea
**helicopter** helicóptero
**hell** infierno
**hello** hola
**helmet** casco
**helper** ayudante
**her** su (de ella)
**here** acá; aquí
**hers** suya (de ella)
**highway** carretera
**hill** cerro
**him** él
**hippopotamus** hipopótamo
**his** su; suya (de él)
**Hispanic** latino (EE.UU.)
**hit** pegar
**holy** santo
**homework** tarea
**honest** honesto
**honey** miel
**hope** esperanza
**horn** bocina
**horse** caballo
**horseback riding** montar a
   caballo
**hose** manguera
**hospital** hospital
**hot dog** perro caliente
**hot** caliente
**hour** hora
**house** casa
**How many?** ¿Cuántos?
**How much?** ¿Cuánto?
**How?** ¿Cómo?
**however** sin embargo
**hug** abrazo
**hundred** cien
**hundreds** cientos
**hunger** hambre
**husband** esposo

**I**
**I** yo
**ice cream** helado
**ice** hielo
**if** si
**immediately** inmediatamente
**important** importante
**in front of** enfrente de
**in** en
**inch** pulgada
**income** ingresos
**incorrect** incorrecto

**inexpensive** barato
**information** información
**ink** tinta
**insect** insecto
**inside** adentro de
**instrument** instrumento
**intelligent** inteligente
**interesting** interesante
**Internet** internet
**intersection** intersección
**interview** entrevista
**introduction** presentación
**invoice** factura
**iron** plancha
**ironing board** tabla de planchar
**irresponsible** irresponsable
**island** isla

**J**
**jacket** chaqueta
**jail** cárcel
**January** enero
**Japan** Japón
**jar** frasco
**jealous** celoso
**jeans** bluyín
**Jesus Christ** Jesucristo
**Jew** judío
**jewel** joya
**job** trabajo
**join** juntar
**joke** chiste
**judge** juez
**juice** judo
**July** julio
**June** junio
**jungle** selva
**just** apenas
**justice** justicia

**K**
**key** llave
**kilometer** kilómetro
**king** rey
**kiss** beso; besar
**kitchen** cocina
**kite** cometa (juguete)
**knapsack** mochila
**knife** cuchillo
**knot** nudo

**L**
**ladder** escalera
**lady** dama
**lake** lago
**lamp** lámpara
**landslide** corrimiento de tierras
**language** idioma
**laptop** computadora portátil
**large** grande
**last name** apellido
**last night** anoche
**last** último
**late** tarde
**later** más tarde; luego

**Latin** latino
**laughter** risa
**laundromat** lavandería
**law** ley
**lawyer** abogado
**lazy** perezoso
**leaf** hoja
**learn** aprender
**leave** salir
**left** izquierda
**lemon** limón
**lemonade** limonada
**lend** prestar
**less** menos
**lesson** lección
**letter** letra; carta
**lettuce** lechuga
**library** biblioteca
**license plate** placa
**lie down** acostarse
**lie** mentira
**life** vida
**light** luz; claro
**link** enlace; enlazar
**lion** león
**lipstick** lápiz de labios
**list** lista
**listen** escuchar
**liter** litro
**liver** hígado
**living room** sala
**lobster** langosta
**lock** cerradura
**long** largo
**look for** buscar
**look** mirar
**lose** perder
**lost** perdido
**loud** ruidoso
**love** amor; amar
**lovely** hermosa
**lover** amante
**lowercase letter** letra minúscula
**luck** suerte
**lung** pulmón

**M**
**magazine** revista
**magic** magia
**magnet** imán
**magnificent** magnífico
**maid** criada
**mail** correo
**majority** mayoría
**make** hacer
**makeup** maquillaje
**man** hombre
**management** administración
**manager** gerente
**manner** manera
**many** muchos
**map** mapa
**marble** canica
**March** marzo
**marriage** matrimonio

**marvelous** maravilloso
**match** fósforo
**maximum** máxima
**May** mayo
**meals** comidas
**mean** cruel
**meaning** significado
**meat market** carnicería
**meat** carne
**mechanic** mecánico
**medicine** medicina
**medium** mediano
**meeting** junta
**member** miembro
**members** miembros
**memory** memoria
**message** recado
**meter** metro
**method** método
**Mexico** México
**microwave** microonda
**middle** medio
**midnight** medianoche
**mile** milla
**milk** leche
**milkshake** batido de
    leche
**million** millón
**millionaire** millonario
**mine** mío
**minority** minoría
**minute** minuto
**miracle** milagro
**mirror** espejo
**miss** faltar
**Miss** señorita
**modern** moderno
**moment** momento
**Monday** lunes
**money** dinero
**monitor** pantalla
**monkey** mono
**month** mes
**moon** luna
**mop** trapeador
**more** más
**morning** la mañana
**mother** madre
**motorcycle** motocicleta
**mouse** ratón
**mouthwash** enjuague
**movie** película
**Mr.** Sr.
**Mrs.** Sra.
**mud** lodo
**museum** museo
**music** música
**musician** músico
**mustard** mostaza
**my** mi; mis

**N**

**nail clippers** cortaúñas
**nail polish** esmalte
**nail** clavo

**name** nombre
**napkin** servilleta
**narrow** estrecho
**nation** nación
**nationality** nacionalidad
**natural** natural
**nature** naturaleza
**near** cerca
**necessary** necesario
**necklace** collar
**needle** aguja
**neighborhood** barrio
**neither** tampoco
**nervous** nervioso
**net** red
**never** nunca
**news** noticias
**newspaper** periódico
**next** próximo
**nice** simpático
**night** noche
**nightmare** pesadilla
**nightstand** mesa de noche
**nine hundred** novecientos
**nine** nueve
**nineteen** diecinueve
**ninety** noventa
**no one** nadie
**none** ninguno
**noon** mediodía
**North America** Norteamérica
**note** nota
**notebook** cuaderno
**nothing** nada
**notice** noticia
**November** noviembre
**nowadays** ahora
**nowhere** por ningún lado
**number** número
**nurse** enfermero
**nut** nuez

**O**

**obvious** obvio
**ocean** océano
**October** octubre
**of** de
**offer** oferta
**office** oficina
**oil** aceite
**old** viejo
**older** mayor
**on** en
**once** una vez
**one** uno
**onion** cebolla
**online** conectado
**only** sólo
**open** abierto
**operation** operación
**opposite** contrario
**or** o
**orange** naranja; anaranjado
**order** ordenar
**organic** orgánico

**ounce** onza
**our** nuestro(s)
**outlet** enchufe
**outside** afuera
**outskirts** afueras
**over there** allá
**over** sobre
**overcoat** abrigo
**owner** dueño

**P**

**page** página
**pain** dolor
**paint** pintura
**painter** pintor
**painting** pintura
**pair** par
**pajamas** pijama
**pants** pantalones
**paper** papel
**parents** padres
**park** parque; estacionar
**parking** estacionamiento
**partners** socios
**party** fiesta
**pass** pasar
**passionate** apasionado
**passport** pasaporte
**password** contraseña
**past** pasado
**pay** pagar
**payment** pago
**pea** guisante
**peace** paz
**pearl** perla
**pen** pluma (de escribir)
**pencil** lápiz
**people** gente
**pepper** pimienta
**perfectly** perfectamente
**perfume** perfume
**person** persona
**pharmacy** farmacia
**philosophy** filosofía
**photography** fotografía
**picture** foto; pintura
**pie** pastel
**pig** puerco
**pillow** almohada
**pin** alfiler
**pipes** tubería
**pitch** lanzar
**pitcher** cántaro
**place** lugar; sitio
**plant** planta; plantar
**plastic** plástico
**plate** plato
**play an instrument** tocar música
**play** jugar
**playground** patio de recreo
**pleasant** agradable
**please** por favor
**pliers** alicates
**plug** enchufe; enchufar
**plumber** plomero

**plumbing** tubería
**point** punta
**police** policía
**policy** póliza
**political party** partido político
**politics** política
**pollution** contaminación
**poor** pobre
**porch** porche
**pork** cerdo
**port** puerto
**possible** posible
**post office** oficina de correos
**postcard** tarjeta postal
**pot** olla
**potato** papa
**pound** libra
**poverty** pobreza
**practice** práctica
**precious** preciosa
**pregnant** embarazada
**president** presidente
**press** oprimir
**pretty** bonito
**price** precio
**priest** cura
**print** impreso; impresión; imprimir
**printer** impresora
**problem** problema
**product** producto
**professional** profesional
**program** programa
**programmer** programador
**projector** proyector
**promise** promesa
**pronunciation** pronunciación
**proud** orgulloso
**public** público
**pull** jalar
**punishment** castigo
**purple** morado
**purse** bolsa
**push** empujar
**put** poner
**puzzle** rompecabezas

**Q**
**quart** cuarto
**queen** reina
**question** pregunta
**quick** rápido
**quickly** rápidamente
**quiet** silencio
**quit** renunciar

**R**
**racket** raqueta
**rain** lluvia
**raincoat** impermeable
**rake** rastrillo
**ranch** rancho
**rat** rata
**raw** crudo
**razor** navaja
**read** leer

**ready** listo
**reason** razón
**receipt** recibo
**receive** recibir
**recipe** receta
**recreation** recreo
**recyclable** reciclable
**red** rojo
**red-headed** pelirrojo
**refreshment** refresco
**refrigerator** refrigerador
**relative** pariente
**relaxing** ocio
**religion** religión
**repair** reparación
**reservation** reservación
**respect** respeto
**rest** descansar
**restaurant** restaurante
**return** volver
**review** repaso
**rhinoceros** rinoceronte
**ribbon** cinta
**rice** arroz
**rich** rico
**ride** montar
**right now** ahorita
**right** derecha; correcto
**ring** anillo
**ripe** maduro
**river** río
**road sign** señal
**road** camino
**rock** roca
**romantic** romántico
**room** habitación
**roommates** compañeros del cuarto
**rotten** podrido
**rough** áspero
**rubber** goma
**rug** alfombra
**run** correr

**S**
**sail** navegar
**saint** santo
**salad** ensalada
**sale** venta
**salesman** vendedor
**salt** sal
**salty** salado
**same to you** igualmente
**same** mismo
**sand** arena
**Saturday** sábado
**sauce** salsa
**sausage** salchicha
**save** ahorrar; salvar
**saw** serrucho
**saxophone** saxófono
**say** decir
**scarf** bufanda
**schedule** horario
**school** escuela

**scientist** científico
**scissors** tijeras
**scooter** escúter
**screen** pantalla
**screw** tornillo
**screwdriver** destornillador
**sea** mar
**season** estación
**second** segundo
**secretary** secretario
**seed** semilla
**seesaw** sube y baja
**sell** vender
**sentence** frase
**separated** separado
**September** septiembre
**seven hundred** setecientos
**seven** siete
**seventeen** diecisiete
**seventy** setenta
**several** varios
**sex** sexo
**shampoo** champú
**shaving cream** crema de afeitar
**she** ella
**sheep** oveja
**sheet** sábana
**shirt** camisa
**shock** amortiguador
**shoe store** zapatería
**shoe** zapato
**shop** taller
**shopping center** centro comercial
**short** bajo; corto
**shortcut** acceso directo
**shorts** calzoncillos
**shovel** pala
**show** mostrar
**shower** regadera
**shrimp** camarón
**shy** tímido
**sickness** enfermedad
**side** lado
**sidewalk** acera
**signal light** semáforo
**silver** plata
**sincere** sincero
**sincerely** sinceramente
**sing** cantar
**singer** cantante
**single** soltero
**sister** hermana
**sister-in-law** cuñada
**sit down** sentarse
**six** seis
**sixteen** dieciseis
**sixty** sesenta
**size** tamaño
**skate** patinar
**skateboard** patineta
**skates** patines
**ski** esquiar
**skirt** falda
**skyscrapers** rascacielos

sleep dormir
sleepy dormido
slippers pantuflas
sloppy descuidado
slow despacio
small chico
smile sonrisa
smoke humo; fumar
smooth suave
snake víbora
snow nieve
so tan
soap jabón
soccer fútbol
social security seguro social
socks calcetines
soft blando
soldier soldado
some algunos; unos
someone alguien
sometimes a veces
somewhere por algún lugar
son hijo
son-in-law yerno
soon pronto
soul alma
soul mate alma gemela
sound sonido
soup sopa
sour agrio
South America Sudamérica
spaceship nave espacial
Spain España
Spanish español
sparkplug bujía
speak hablar
special especial
spend gastar
spider araña
spoon cuchara
sport deporte
sports coat saco deportivo
sprain torcedura
spring primavera
square cuadrado
stadium estadio
stage escenario
stain mancha
stairs escaleras
stamp sello
station estación
steak bistec
steering wheel volante
step paso
stereo estéreo
stick palo
still aún
stone piedra
stool taburete
stop parar; alto
stop sign señal de parada
store tienda
stove estufa
strange extraño

strawberry fresa
street calle
strike huelga
strong fuerte
structure estructura
stuck up pretenciosa
student estudiante
studious aplicado
study estudio
stuffed toy animal de peluche
stupid estúpido
subway metro
suddenly de repente
sugar azúcar
suit traje
suitcase maleta
summer verano
sun sol
Sunday domingo
sunglasses lentes del sol
sunset puesta del sol
supermarket supermercado
sure seguro
surgeon cirujano
surprised sorprendido
survive sobrevivir
sweater suéter
sweatsuit sudaderas
sweet dulce (el sabor)
sweethearts novios
swim nadar
swimming pool piscina
swimsuit traje de baño
symbol símbolo

**T**

table mesa
tablecloth mantel
take advantage aprovechar
take away quitar
take tomar
tall alto
tank tanque
task bar barra de tareas
tax impuesto
tea té
teacher maestro
team equipo
tear lágrima
tear romper
teaspoon cucharilla
telephone number número de
   teléfono
telephone teléfono
television televisión; televisor
temperature temperatura
ten diez
tennis tenis
terrible terrible
terrific terrífico
test examen
text message mensaje de texto
thanks gracias
that eso; aquel; que

the day before yesterday
   anteayer
the el; los; la; las
their su (de ellos)
theirs suyo (de ellos)
theme tema
then entonces
there is, there are hay
there ahí
therefore por eso
thermometer termómetro
these estos; estas
they ellos; ellas
thief ladrón
thin flaco
thing cosa
thirst sed
thirteen trece
thirty treinta
this esto; esta; este
those esos; aquellos
thousand mil
thread hilo
three tres
throat garganta
throw tirar
Thursday jueves
ticket boleto
tide marea
tie corbata
tiger tigre
time hora; vez; tiempo
tip propina
tire neumático
tired cansado
to the al
To where? ¿Adónde?
to a
toaster tostador
today hoy
together juntos
toilet excusado
tomorrow mañana
ton tonelada
tongue lengua
too much demasiado
too también
tool herramienta
toothbrush cepillo de dientes
toothpaste pasta de dientes
tornado tornado
touch tocar
tourist turista
towards hacia
towel toalla
town pueblo
townhouse duplex
traffic tráfico
traffic light semáforo
train tren
training entrenamiento
translate traducir
trash basura
trash can bote de basura

travel agency  agencia de viajes
travel  viajar
treasure  tesoro
tree  árbol
trombone  trombón
truck driver  camionero
truck  camión
trust  confiar
truth  verdad
try  probar
T-shirt  camiseta
Tuesday  martes
turkey  pavo
twelve  doce
twenty  veinte
twig  palito
twin  gemelo
two  dos
type  escribir a máquina
typewriter  máquina de escribir

**U**
umbrella  paraguas
uncle  tío
underneath  debajo
underwear  ropa interior
United States  Estados Unidos
university  universidad
until  hasta
upward  arriba
user ID  identificación del usuario
usually  usualmente

**V**
vacation  vacación
vacuum cleaner  aspiradora
valley  valle
vase  florero
vegan  vegeteriana
very few  poquitos
very pretty  linda
very  muy
vest  chaleco
video game  videojuego

view  visita
violence  violencia
violent  violento
violin  violín
visit  visitar
vocabulary  vocabulario
voice  voz
volleyball  vóleibol
vote  voto

**W**
waiter  mesero
waitress  mesera
walk  caminar
wallet  cartera
war  guerra
warehouse  almacén
warm  caluroso
wash  lavar
washer  lavadora
wash the  wach de
watch  mirar; reloj de pulsera
water  agua
wave  ola
we  nosotros
weak  débil
weapon  arma
weather  tiempo; clima
wedding  boda
Wednesday  miércoles
weed  hierba mala
week  semana
weigh  pesar
welcome  bienvenidos
well-mannered  educado
What?  ¿Qué?
When?  ¿Cuándo?
Where?  ¿Dónde?
Which?  ¿Cuál?
white  blanco
Who?  ¿Quién?
Why?  ¿Por qué?
wide  ancho
wife  esposa

wild  salvaje
window  ventana
wine  vino
winter  invierno
wire  alambre
wireless  inalámbrico
wish  desear
with me  conmigo
with you  contigo
with  con
without  sin
woman  mujer
wood  madera
word  palabra
work  trabajo
world  mundo
wrench  llave inglesa
write  escribir
writer  escritor
wrong  equivocado

**Y**
yard  yarda
yard  patio
year  año
yell  gritar
yellow  amarillo
yes  sí
yesterday  ayer
yet  todavía
yield  ceda el paso
you guys  ustedes
you  tú; usted
young  jóven
younger  menor
your  tu; tus
yours  tuyo; tuyos

**Z**
zebra  cebra
zero  cero
zip code  zona postal
zoo  zoológico